RESEARCH ON THE STATUS COMPETITION
CAUSED TEAM FAULTLINES

地位竞争导致的团队断裂研究

邓传军◎著

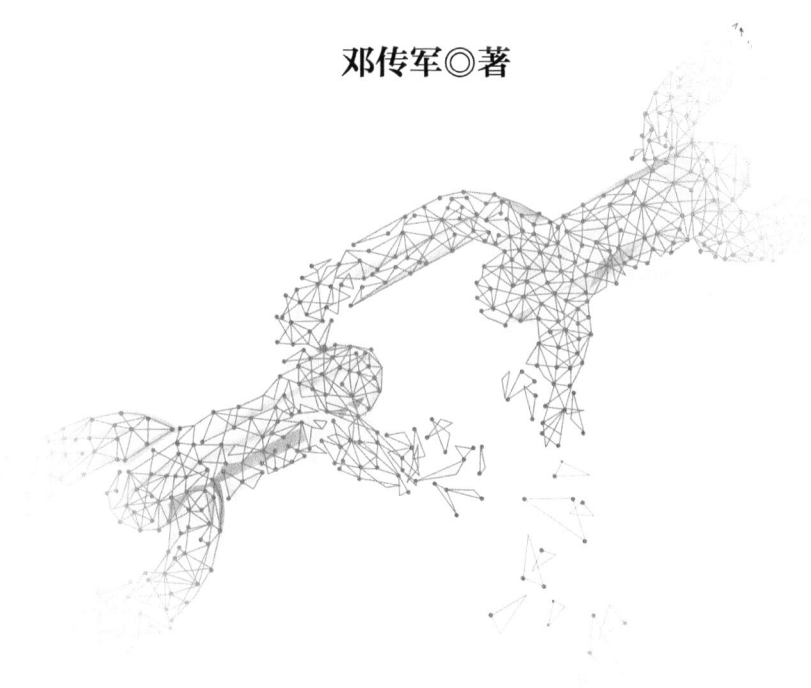

中国经济出版社
CHINA ECONOMIC PUBLISHING HOUSE

·北京·

图书在版编目（CIP）数据

地位竞争导致的团队断裂研究/邓传军著. —北京：
中国经济出版社，2019.9
ISBN 978-7-5136-5950-5

Ⅰ.①地… Ⅱ.①邓… Ⅲ.①组织管理学
Ⅳ.①C936

中国版本图书馆 CIP 数据核字（2019）第 218527 号

策划编辑	崔姜薇
责任编辑	张　博
责任印制	马小宾
封面设计	任燕飞装帧设计工作室

出版发行	中国经济出版社
印　刷者	北京九州迅驰传媒文化有限公司
经　销者	各地新华书店
开　　本	710mm×1000mm　1/16
印　　张	12.75
字　　数	175 千字
版　　次	2019 年 9 月第 1 版
印　　次	2019 年 9 月第 1 次
定　　价	68.00 元

广告经营许可证 京西工商广字第 8179 号

中国经济出版社 网址 www.economyph.com　社址 北京市东城区安定门外大街 58 号　邮编 100011
本版图书如存在印装质量问题，请与本社销售中心联系调换（联系电话：010-57512564）

版权所有　盗版必究（举报电话：010-57512600）
国家版权局反盗版举报中心（举报电话：12390）　　服务热线：010-57512564

前　言

近年来,关于团队断裂带与团队创造力之间关系的研究一直是学术界关注的焦点。在过去近 20 年里,尽管有大量的研究对此进行探讨,但是研究结论却始终无法达成一致。以往研究仅限于探讨团队断裂强度、断裂状态、子团队数量和均匀度等对团队创造力的影响,忽视了团队断裂方式的重要意义。在组织中,不同类型的团队断裂方式也可以得出相同的断裂强度、断裂状态或子团队数量,因而团队断裂方式对团队断裂带与团队创造力之间关系的研究意义要远大于前面这几个方面。由于本书首次聚焦于从社会距离理论视角探讨地位竞争导致的团队断裂带与团队创造力之间的关系和作用机制,因此,首先要从有效区分和界定地位竞争导致的团队断裂方式的构念入手。

首先,本书在文献综述的基础上初步界定了地位竞争导致的团队断裂带和断裂方式的基本概念,通过扎根理论方法提炼出地位竞争导致的团队断裂方式的构念及其影响因素模型。其次,继续采用扎根理论分析方法构建研究概念模型,从中提炼出地位竞争导致的团队断裂方式与团队创造力之间的关系和作用机制。最后,对该理论概念模型做进一步的假设提出和实证检验。本书包括两个研究阶段、第一阶段是研究一质化研究,采用深度访谈和扎根理论分析方法,基于对 14 个存在地位竞争导致的团队断裂带的典型团队的 30 名成员近 23 个小时的深度访谈,搜集整理出 23.9 万字的文本数据,最终构建出 A 型和 B 型断裂方式的构念和影响因素模型,以及断裂方式与团队创造力的理论概念模型。第二阶段是研究二实证研究,采用问卷数据实证检验地位竞争导致的团队断裂方式对团队创造力的影响效应和作用机制。其中 A 型断裂方式 60 个团队 425 名成员,B 型断裂方式

45 个团队 287 名成员。最后，总结研究结论、讨论、指出存在的问题与不足并做出未来研究方向。本研究经过系统深入地探讨并检验地位竞争导致的团队断裂及其对团队创造力的影响机制不仅具有重要的理论价值，而且对于指导组织管理实践也具有重要的指导价值。

本书共分为六章。第 1 章为绪论，主要介绍研究背影、目的与意义、基本概念界定与说明、研究内容框架、研究方法、技术路线以及主要创新之处。第 2 章为理论回顾与研究评述，主要对团队断裂带、子团队、地位竞争与分化等相关研究成果进行系统梳理与评述，从中挖掘出具有较高理论研究价值的科学问题。第 3 章为地位竞争导致的团队断裂研究构思，主要包括本书的整体研究思想与总体构思、质化研究设计和实证研究设计，将本书的整体研究脉络清晰呈现。第 4 章为地位竞争导致的团队断裂质化研究，主要介绍研究方法、地位竞争导致的团队断裂构念构建及其对团队创造力的理论模型构建、假设命题提出及其解释等。第 5 章为实证研究部分，主要是采用统计方向方法和分层回归等对前面提出的理论模型及其命题进行实证检验。第 6 章为结论与讨论，主要是对研究结论进行总结，分析其理论意义、实践价值、问题与不足，并指出未来研究方向。

本书部分研究内容受到国家自然科学基金（71772057、71672070 和 71832004）与河南省教育厅（2019ZZJH027）的资助，在此对国家自然科学基金和河南省教育厅等方面的支持表示感谢。

由于时间仓促和作者水平有限，书中难免存在不当或疏漏之处，敬请读者谅解并多提宝贵意见。

邓传军

2019 年 7 月于河南大学商学院

目 录

前 言

第 1 章 绪 论 / 001

1.1 研究背景 / 001
1.2 研究目的与意义 / 008
    1.2.1 研究目的 / 008
    1.2.2 研究意义 / 010
1.3 基本概念界定与说明 / 011
1.4 研究内容框架 / 014
1.5 研究方法与技术路线 / 015
1.6 主要创新点 / 015

第 2 章 理论回顾与研究评述 / 017

2.1 团队断裂带研究综述 / 017
    2.1.1 团队断裂带产生的理论基础 / 017
    2.1.2 团队断裂带的概念、类型和测量方式 / 019
    2.1.3 断裂带的前因与结果 / 025
    2.1.4 团队断裂带的作用机制和理论解释 / 028
    2.1.5 团队断裂带与团队创造力 / 037
    2.1.6 以往研究存在的不足 / 038
2.2 子团队研究综述 / 040
    2.2.1 概念 / 040

2.2.2 类型 / 040

2.2.3 子团队的影响效果 / 042

2.2.4 子团队的作用机制和理论解释 / 044

2.2.5 研究不足 / 048

2.3 地位竞争与分化文献综述 / 049

2.3.1 地位的概念 / 049

2.3.2 地位竞争与分化及其影响 / 050

2.3.3 研究不足 / 052

2.4 本章小结 / 053

第 3 章 地位竞争导致的团队断裂研究构思 / 056

Chapter Three

3.1 整体研究思想与总体构思 / 056

3.2 质化研究设计 / 058

3.3 实证研究设计 / 059

第 4 章 地位竞争导致的团队断裂质化研究 / 060

Chapter Four

4.1 研究目的 / 060

4.2 研究方法与数据收集 / 062

4.2.1 扎根理论概述 / 062

4.2.2 效度检验 / 063

4.2.3 样本选取 / 064

4.3 地位竞争导致的团队断裂构念研究 / 068

4.3.1 开放性编码 / 068

4.3.2 聚焦编码 / 071

4.3.3 研究结果理论解释及讨论 / 074

目 录

4.4 地位竞争导致的团队断裂与团队创造力理论模型构建 / 079

    4.4.1 理论抽样 / 079

    4.4.2 编码分析 / 079

    4.4.3 理论饱和度检验 / 099

4.5 地位竞争导致的团队断裂与团队创造力理论模型解释 / 101

    4.5.1 团队断裂方式、团队创造力和社会距离 / 101

    4.5.2 团队断裂方式和地位稳定性的交互 / 102

    4.5.3 团队断裂方式和地位稳定性的交互与团队创造力之间关系 / 103

    4.5.4 社会距离的中介作用 / 105

    4.5.5 共享目标的调节效应 / 107

4.6 本章小结 / 108

第 5 章　地位竞争导致的团队断裂与团队创造力实证研究 / 110

Chapter Five

5.1 研究目的 / 110

5.2 理论和假设提出 / 112

    5.2.1 团队断裂方式、社会距离和团队创造力 / 112

    5.2.2 团队断裂方式、地位稳定性和团队创造力 / 113

    5.2.3 团队断裂方式、地位稳定性和社会距离 / 116

    5.2.4 共享目标的作用 / 120

5.3 研究方法 / 124

    5.3.1 研究样本 / 124

    5.3.2 变量的测量 / 125

　　　　　5.4 检验结果 / 128

　　　　　　　　5.4.1 独立样本 T 检验结果 / 128

　　　　　　　　5.4.2 描述性统计分析 / 129

　　　　　　　　5.4.3 假设检验 / 132

　　　　　5.5 本章小结 / 139

第 6 章　结论与讨论 / 141
Chapter Six

　　　　　6.1 研究结论 / 141

　　　　　6.2 理论贡献 / 143

　　　　　6.3 实践意义 / 150

　　　　　6.4 研究不足 / 152

　　　　　6.5 未来研究方向 / 153

参考文献 / 156

附录1　访谈提纲和问卷 / 179

附录2　访谈稿登录表 / 185

重要术语索引表 / 190

图目录

图1-1　A型团队断裂方式 / 013

图1-2　B型团队断裂方式 / 013

图1-3　研究设计和技术路线 / 015

图2-1　团队断裂带的影响因素和结果 / 025

图3-1　地位竞争导致的团队断裂整体研究框架 / 058

图4-1　基于扎根分析的A型团队断裂方式的影响因素模型 / 074

图4-2　基于扎根分析的B型团队断裂方式的影响因素模型 / 074

图4-3　团队断裂方式对团队创造力作用机制概念模型 / 099

图5-1　团队共享目标对A型团队社会距离的调节效应 / 134

图5-2　团队共享目标对B型团队社会距离的调节效应 / 134

图5-3　团队共享目标对A型团队创造力的调节效应 / 137

图5-4　团队共享目标对B型团队创造力的调节效应 / 138

表目录

表 2-1　断裂强度/距离测量方法文献汇总 / 023

表 2-2　断裂带与各结果变量的中介机制和应用边界汇总 / 029

表 2-3　子团队与各结果变量的中介机制和应用边界汇总 / 045

表 4-1　被访谈对象基本信息 / 066

表 4-2　被研究对象 B1 的开放性初始编码示例 / 068

表 4-3　被研究对象 C2 的开放性初始编码示例 / 069

表 4-4　被研究对象 E1 的开放性初始编码示例 / 069

表 4-5　被研究对象 G1 的开放性初始编码示例 / 070

表 4-6　被研究对象 H2 的开放性初始编码示例 / 070

表 4-7　关于 A/B 型断裂方式内涵的聚焦编码结果 / 071

表 4-8　关于 A/B 型断裂方式影响因素的聚焦编码结果 / 072

表 4-9　开放性编码范畴和初始编码 / 080

表 4-10　开放性编码代表性编码举例 / 084

表 4-11　开放性编码范畴 / 088

表 4-12　主要概念类属及概念类型 / 091

表 4-13　范畴的属性和维度 / 094

表 4-14　主要概念类属及概念类型 / 095

表 4-15　基于主轴编码六大类关系 / 097

表 5-1　团队断裂方式与团队产出独立样本 T 检验分析结果 / 129

表 5-2　A 型研究变量均值、标准差和相关系数（N=60） / 130

表 5-3　B 型研究变量均值、标准差和相关系数（N=45） / 131

表 5-4　主效应分层回归分析结果 / 135

表 5-5　调节效应分层回归分析结果 / 136

第 1 章 绪 论

1.1 研究背景

团队断裂带（Team Faultlines）是在多样性/异质性研究基础上发展而来的（Lau & Murnighan, 1998），根据 Lau 和 Murnighan（1998）的定义，团队断裂带即基于一个或多个属性将一个团队划分为两个或者两个以上子团队的假想的分界线。21 世纪以来，团队在组织中的重要性越来越突出，组织对团队的依赖程度越来越高，团队创造性产出的高低在很大程度上决定着组织核心目标能否实现（Smith & Hou, 2014）。大量研究表明（e.g., Gibson & Vermeulen, 2003; Lau & Murnighan, 2005），团队创造性产出和效能受到团队内部各子团队之间社会互动的制约。团队断裂带极易引起成员间互相排斥、歧视甚至敌视等消极表现，使得断裂团队要比非断裂团队更加脆弱（Smith & Hou, 2014）。有研究（Lau & Murnighan, 1998; 2005）认为，团队断裂带对团队绩效产出的影响总体上是负面的，如果坐视团队发生断裂而不加以引导和干预，就会抑制团队创造性或效能，阻碍组织目标的实现。因此，在过去近 20 年里，如何提高断裂团队创造性一直困扰着组织行为学学术界和实践界。

团队断裂到底会给团队带来消极还是积极的影响一直存在较大争议（e.g., Ellis, Mai & Christian, 2013）。在过去的近20年里，关于团队断裂带和团队创造力的研究较多发表期刊级别较高，但是关于二者之间关系的研究结论却存在较大分歧。目前主要有三种不同的结论：负相关关系（e.g., Bezrukova & Jehn, 2003；Barkema & Shvyrkov, 2007）、正相关关系（e.g., Ellis et al., 2013；Nishii & Goncalo, 2008；Perry-Smith & Shalley, 2014；卫旭华，刘咏梅，岳柳青，2015）和不相关（倒U型关系或情境依赖的）（e.g., Hoever et al., 2012；Pearsall, Ellis & Evans, 2008；孙慧琳，2015；赵景慧，2011）。这些研究主要从团队断裂强度、断裂状态和子团队数量等角度考察团队断裂带和团队创造力之间的关系。事实上，即使是许多不同类型的团队断裂带也可以存在相同的断裂强度、相同的断裂状态，或相同的子团队数量，但是它们的断裂方式却存在明显差别。换而言之，如果笼统地将不同断裂方式的团队断裂带视为同一情况进行实证考察难免会得出不一致的研究结论。因此，本研究有充分的理论依据认为，与团队断裂强度、断裂状态和子团队数量的重要性相比，团队断裂方式对团队创造力的意义更大，要想探讨团队断裂带与团队创造力之间的关系，首先要严格区分团队断裂方式。

自Lau和Murnighan于1998提出团队断裂带的概念以来，已有研究主要是探讨关于人口统计学方面的断裂带及其影响（e.g., Bezrukova, Spell, Caldwell & Burger, 2016；Choi & Sy, 2010；Li & Hambrick, 2005；Perry-Smith & Shalley, 2014；Thatcher & Patel, 2011；韩立丰，王重鸣，2010；王端旭，薛会娟，2009；王海珍等，2009），如性别、年龄、教育程度、国籍、种族、任期和目标等，以及采用这些客观指标衡量的基于认同（Identity-based）、基于资源（Resourced-based）和基于知识（Knowledge-based）的团队断裂带等（e.g., Blau, 1974；Carton & Cummings, 2012；Choi & Sy, 2010；Finkelstein, 1992）。相比而言，基于认同和基于知识的团队断裂带主要考察成员对团队的认同或者团队整合

知识的方式，无须侧重考察内子团队和外子团队间的互动；而对于基于资源的断裂带，以往的研究主要是从社会学视角探讨，例如有研究探讨美国黑人和白人群体的群体地位、种族或社会阶层的地位多样性导致子群体身份的凸显性问题（e.g., Shelton & Richeson, 2006；李森森等, 2010），或者社会中占支配地位的群体和弱势地位群体的地位异质性引起的团队断裂带及其影响的探讨（e.g., Morrison, Fast & Ybarra, 2009；张建玲，赵玉芳，2012）。至今，人力资源管理和组织行为学领域极少有研究探讨在团队中由于成员地位竞争导致的团队断裂带及其影响后果。断裂团队内部高地位群体地位竞争或地位冲突最大的特征是子团队的产生及其互动（Folger, Poole & Stuttman, 1997），而互动是竞争和合作的统一体，关键取决于团队内部内子团队和外子团队间的社会关系或亲密程度。从这个角度来看，地位竞争应该包括成员间的竞争面和合作面，以及子团队内部和子团队间的竞争面和合作面，尤其是后者的互动最为关键，但是，却被以往的研究忽视了，至今尚未发现有其他研究探讨断裂团队中成员在竞争的同时又有合作的机制，更缺少从子团队层面探讨团队中内子团队和外子团队间的合作和竞争、分化和统整。因此，开展对地位竞争导致的团队断裂带及其与团队创造力之间的关系和作用机制的研究具有极高的理论价值。

团队中的地位竞争现象非常普遍（Loch, Huberman & Stout, 2000；王端旭，2005）。由于高地位的价值性和稀缺性，使得地位竞争变成一种"零和的"竞争（Bothner, Godart & Lee, 2009），团队中的高地位群体成员为了竞争更高的地位往往会发生分化，各自与其他较低地位层级的成员组成"小团体"，以便于提高竞争力。而在另一些组织/团队中，由于地位资源十分稀缺，一旦失去就很难夺回，所以，高地位群体成员为了维护既得的地位利益，会采取群体内部互相"结盟"的方式对低地位群体实施"地位封锁"（Calperin, Bennett & Aquino, 2011；Metiu, 2006），这种地位竞争是"非零和的"。上述这两种情况都会使团队成员间形成

"我们-他们"(Carton & Cummings, 2012)或"圈内-圈外"(Bezrukova, Jehn, Zanutto & Thatcher, 2009)的强烈感知,高地位成员地位竞争导致团队断裂带无形地将他们划归为不同的子团队(Jehn & Bezrukova, 2010)。但是,导致上述团队地位分化的原因和动机却存在明显区别,其中前者是地位竞争导向,目的是为了竞争更高的地位,而后者是地位维护导向,目的是为了防范地位风险保护现有的地位资源。另外,二者在子团队的结构特征方面也存在明显差别,其中前者的子团队中包括地位水平高低不同的成员,而后者的子团队中成员的地位结构比较单一。因此,尽管都是发生地位竞争导致的团队断裂,但是这两种团队断裂方式却存在明显差别,如果像以往研究那样笼统地将它们归为同一种情况或类型进行考察,无论是从团队断裂强度、断裂状态、子团队数量还是子团队均匀度等方面进行考察,其研究结论都必将存在较大的不一致性。

团队内部高地位群体成员在地位竞争过程中可以通过分化或统整的方式实现目标。地位竞争既可以通过冲突和分化实现地位目标,也可以通过合作和统整的方式实现目标(Hays & Bendersky, 2015)。有研究发现,在过于同质的团队中,由于成员之间的地位目标需求过于集中,极易出现互相排斥而导致团队出现分化的现象(Hambrick, 1994),比如 Polzer 和 Elfenbein(2011)的研究就发现,华尔街投资银行并不能通过拥有更多地位"明星"来获得更大回报,由于这些明星过于同质化,追求的目标和利益过于一致,结果导致成员间互相排斥而产生团队分化问题。另一方面,由于地位是分层的,不同地位层级的员工会有不同诉求,不同地位层级的成员统整是有空间的(Rubin & Hewstone, 2004),并且不同职业生涯阶段的地位追求目标有所不同,这些都为地位层级多样性允许相互统整提供了可能性。为了在竞争中占据有利位置,高地位成员会主动联合低地位成员与对手进行竞争,结果使得在地位高异质性的成员中也会出现"联盟",即团队分化出两个及两个以上的子团队,其中每个子团队内部都存在多种不同地位水平的成员。而在一些异质性的团队中，高地位成员为了维护现有的利益而主动与其余高地位成员联盟，比如 Sidanius 和 Pratto（1999）研究发现，高地位成员为了维护现有地位会联合防范低地位成员，从而形成"团队压制"（Team Oppression）。Metiu（2006）则发现，高地位子团队为了维持自己的地位优势而设法封堵中低地位子团队成员晋级高地位的可能"通道"。上述两种情况存在明显差别。但是，这些地位竞争导致的团队断裂方式却被以往的研究所忽视，迄今未有研究对此进行探讨。由于地位竞争导致的团队断裂方式的构念及其对团队创造力的影响效应和作用机制至今未明，亟待进一步研究探讨。

另外，在不同的组织情境下团队中子团队间的社会关系和亲密程度——竞争或合作、分化或统整存在很大的差别（e.g., Abramsky & Sellah, 1982）。有研究预测，组织中地位稳定性不同，团队中高-低地位成员社会关系会存在明显差别（Nadler & Halabi, 2006; Saguy & Dovidio, 2013），组织地位制度的不同设计会影响团队内部成员寻求地位的行为选择和绩效表现（Anderson, Hildreth & Howland, 2015），但是至今极少有研究将地位制度因素纳入团队断裂带及其影响的实证探讨。还有研究建议，在发生断裂的团队中应重视发挥领导的作用（Gibson & Vermeulen, 2003; Kunze & Bruch, 2010; 倪旭东等，2015），团队领导通过设置共享目标能改变内子团队和外子团队间的社会互动，提高团队创造性（Smith et al., 1994; Van Knippenberg et al., 2011）。但是，其影响机制至今未明且缺少有效的理论指导，使得该问题在日常管理实践过程中未能引起团队领导或管理者的足够重视（Kunze & Bruch, 2010; Van Knippenberg et al., 2011），因此有必要将地位稳定性和共享目标等重要情境因素纳入研究框架进行探讨。鉴于地位竞争导致的团队断裂方式对于探讨团队断裂带与团队创造力之间关系和作用机制的重要意义，以及经过对团队断裂带、子团队和地位竞争文献的梳理、分析和整合，发现以往研究仍存在诸多问题和缺陷,仍有不少关键问题亟待解决。

首先,地位竞争导致的团队断裂方式构念的界定迫在眉睫。这是深入研究探讨地位竞争导致的团队断裂带与团队创造力之间关系的基础。以往研究关于团队断裂带的研究主要是围绕探讨人口统计方面的个体属性,如性别、年龄、教育程度、工龄、个性、目标、地理和国籍等,尽管也有个别学者将这些不同的人口统计特征变量与认同和资源等相联系,提出了基于认同、资源或知识的断裂带(Carton & Cummings, 2012)等,但是极少有研究涉及对地位竞争导致的团队断裂带及其影响的探讨。因此,在整合前人研究成果的基础上,本书将首次提出地位竞争导致的团队断裂方式的概念,并运用扎根理论分析方法提炼出该构念及其影响因素模型。这将为团队断裂带、子团队和地位等领域相关研究的开展打下重要的研究基础,也为本书后续的模型构建和实证检验奠定基础。

再次,虽然以往研究已经从多个理论视角探讨了团队断裂带与团队创造力之间的关系,但是研究结论却存在较大的不一致性,最根本的原因在于这些研究普遍忽视了团队断裂方式的重要意义,导致对团队断裂类型的界定模糊不清性质不明。因此,本书首次主张从团队断裂方式入手,通过系统深入地考察地位竞争导致的团队断裂带对团队创造力的影响,以期有效中和以往研究结论存在的不一致性。

第三,从社会距离理论视角探讨地位竞争导致的团队断裂带与团队创造力之间的关系将能有效揭开二者之间潜在的"黑箱"。以往的研究主要从社会认同(Bartel, 2001; Brewer, 2001)、社会整合过程(Pearsall et al., 2008)、信息加工过程(Ellis et al., 2013)和分类加工(e.g., Homan et al., 2008; Homan et al., 2007; Van Knippenberg et al., 2011)等理论视角探讨团队断裂带和团队创造力的中介机制,至今未有研究从内子团队和外子团队间社会距离视角进行探讨。以往研究普遍忽视对子团队间的社会互动进行系统全面深入的探讨。断裂团队间成员间的冲突和合作、分化和统整实际上取决于其所属内子团队与外子团队之间的关系或距离，但是却被以往的研究忽略了。另外，子团队间在存在竞争的同时也会存在一定程度的合作，如果将两者完全割裂开来进行探讨同样无法探寻到团队内部社会互动的本质。而通过对团队内部子团队间的社会距离的探讨，能够充分地反映出子团队间的互动或关系亲密程度（Lammers et al.，2012；Magee & Smith，2013；Park & Burgess，1969），避免像以往研究那样笼统考察团队内部成员间的互动，或者片面地将团队内部成员间的合作和冲突彻底割裂开来进行探讨的情况。与以往研究相比，本书将更加全面系统地探讨断裂团队中内子团队与外子团队间的社会互动，且能够更加深刻地揭示高地位群体地位竞争导致的团队断裂带对组织有效性的影响机制。所以，本书将从社会距离视角探讨地位竞争导致的团队断裂带的作用机制，从而丰富团队断裂带对团队绩效的影响机制的研究视角。

最后，以往对于组织情境的研究还留有较大的探讨空间，其中尤其是忽视了对组织地位制度和团队领导的作用的探讨。以往研究忽视了地位制度对团队断裂带与团队创造力之间关系的影响。地位稳定性影响子团队间的态度和看法以及高地位成员联合其他成员的策略选择，地位稳定性的高低不同，不仅子团队内部的社会关系质量和亲密程度存在明显差别，而且不同断裂类型的内子团队与外子团队间的社会关系质量和亲密程度、合作和冲突的水平都会存在明显差别，因此，将地位稳定性的重要情境纳入考察将能够有效消除以往研究存在的不一致性。另外，团队领导通过设置子团队普遍认同的清晰的可实现的共享目标将能明显改善内子团队与外子团队间的互动、社会关系质量和亲密程度，有效缩小社会距离（Gratton, Voigt & Erickson，2011；倪旭东等，2015），提高团队创造力，为团队管理实践提供科学的管理启示。

基于以上分析，本书将基于社会距离视角探讨考察地位竞争导致的团队断裂方式与团队创造力之间的关系及其作用机制，试图通过系统全面深入地探讨被以往研究普遍忽略了的子团队间的互动，有效解决以往研究存在的分歧。本书将质化研究扎根理论分析和实证研究方法相结合，深刻探讨地位竞争导致的团队断裂方式作用于团队创造力的内在机制和应用边界。本书由两个研究构成：研究一是质化研究，首先通过深度访谈和扎根理论分析提炼出地位竞争导致的团队断裂方式的构念和影响因素模型，界定可操作化概念；其次，构建地位竞争导致的团队断裂方式和团队创造力的理论概念模型。研究二是实证研究，针对研究一的理论概念模型提出理论假设并进行实证检验。

另外，本书还受到国家自然科学基金项目的支持。本研究依托于国家自然科学基金项目"高低位群体地位冲突对组织有效性的影响：分化与统整效应机制研究（71272123）"。本研究将试图通过社会距离理论视角有效整合地位竞争理论和断裂带理论，为团队内部高地位群体成员分化统整及其影响效应提供深入的实证考察，为提高团队管理效能提供理论指导。

1.2 研究目的与意义

1.2.1 研究目的

本书的主要目的是从团队断裂方式入手探讨地位竞争导致的团队断裂带与团队创造力之间的关系和影响机制。为了实现该目标，首先采用扎根理论分析方法提炼出地位竞争导致的团队断裂方式的构念，并在此基础上建构地位竞争导致的团队断裂方式与团队创造力的理论概念模型，通过实证检验使人清楚地位竞争导致的团队断裂方式和团队创造力之间的关系、作用机制和应用边界，有效推动团队管理的有效性。具体而言，本书主要有如下五个研究目的：

（1）明确地位竞争导致的团队断裂方式的构念和影响因素模型，了解子团队的结构特征和心理特性，为后续研究做好前期理论准备。由于地位竞争导致的团队断裂方式是组织行为学的新兴研究主题，以往研究缺少对此进行系统深入的探讨。为了建构地位竞争导致的团队断裂方式的构念，首先需要清楚其概念、内涵和影响因素。因此，本书质化研究的前半部分重点是运用深度访谈和扎根理论分析方法提炼出地位竞争导致的团队断裂方式的构念和影响因素模型，弄清楚子团队的结构特征和性质，为后续地位竞争导致的团队断裂方式与团队创造力理论概念模型构建奠定基础。

（2）通过扎根理论分析方法提炼建构地位竞争导致的团队断裂方式与团队创造力理论概念模型，全面呈现团队断裂方式作用于团队创造力的作用机制和应用边界。以往研究主要从冲突、认同或信息加工等方面探讨团队断裂带和团队创造力之间的中介机制，缺乏对内子团队与外子团队间互动、态度、情绪和想法的全面系统深入的考察。因此，为了能够深刻地探讨这个尚无充分理论界定和解释的现象或问题，本书试图从现实的情境中发现问题以构建理论模型（Hammersley，1989）。因此，质化研究的后半部分内容采用扎根理论分析方法的定性研究范式，采取半结构化形式深度访谈，构建地位竞争导致的团队断裂方式与团队创造力理论研究模型，质化研究结果以呈现出地位竞争导致的团队断裂方式是如何作用于团队创造力的过程，充分揭示其潜在的中介机制和调节机制。

（3）实证检验地位竞争导致的团队断裂方式对团队创造力的影响效应和作用机制。针对研究一的质化研究模型，通过理论分析推导出相关研究假设，并对此进行实证检验。有研究（Ceranic & Reynolds，2003）认为，团队有效性取决于子团队之间的亲密程度和互相理解程度。根据这一观点，出现分化统整的团队能否推进团队有效性，关键取决于团队中内子团队与外子团队间的社会距离，而不是团队内部成员间社会距离的大小、合作或冲突。实证检验结果不仅使人清楚地位竞争导致的团队断裂方式与团队创造力之间的关系，而且还揭示了二者之间的"黑箱"。

（4）探讨共享目标的调节作用，使团队领导明白如何才能收获更高的团队创造力，提高团队管理的有效性。以往有学者认为，团队断裂带总体上给团队带来消极的影响，因此，如何才能提高团队创造力成了学术界关注的焦点。尽管有学者呼吁要重视发挥团队领导的作用，但是却较少有研究对此进行实证检验。为此，本研究将共享目标纳入研究框架进行考察，使人明白如何才能充分发挥团队领导的作用提高团队创造力。

（5）本书最后一个研究目的是响应学者们的号召，率先尝试对个体主观因素导致的团队断裂带及其影响后果进行理论探讨和实证考察。以往研究主要围绕用客观指标或属性衡量的团队断裂带，或者以客观指标衡量的个体感知到的团队断裂带或被激活的团队断裂带，但是却极少有研究对个体主观因素导致的团队断裂带及其影响后果进行系统深入的理论分析和实证检验。因此，本书的研究思路、方法和探索精神将会对其他学者积极开展关于个体主观因素导致的团队断裂带的相关研究具有一定的借鉴意义。

1.2.2 研究意义

（1）理论意义。首先，本书通过深度访谈和扎根理论分析方法率先提炼出地位竞争导致的团队断裂方式的可操作性构念，补充和丰富了团队断裂带的研究类型，为后续地位和断裂带的相关研究奠定基础。其次，从团队断裂方式切入探讨团队断裂带与团队创造力之间的关系，通过探讨地位竞争导致的团队断裂方式作用于团队创造力，能有效中和以往研究结论存在的不一致性。以往研究探讨团队断裂带的影响效果主要集中在团队断裂强度、断裂状态或子团队的数量上，实际上断裂方式要比上述这几个方面的意义更大。第三，本书基于社会距离视角（Magee & Smith, 2013, Park & Burgess, 1969）探讨团队断裂方式作用于团队创造力的中介机制，补充和完善了团队断裂带对团队创造力的影响机制研究。第四，聚焦地位制度和团队领导的作用，以地位稳定性和共享目标（Anderson & West, 1998;

Kozlowski & Bell, 2003) 为边界条件, 深刻解读在什么情境下可以收获地位竞争导致的团队断裂带带来的积极效应, 以及如何避免其消极效应, 为组织管理者提高团队创造力提供了理论指导。

(2) 现实意义。本书将有助于组织管理者充分了解并识别地位竞争导致的团队断裂方式/断裂带及其产生的原因和影响, 使组织管理者充分了解地位竞争导致的断裂方式对团队创造力的影响效应、作用机制和应用边界, 为组织或团队降低团队断裂带带来的消极效应提供理论指导。本书还为管理者提供了甄别和诊断两种不同的团队断裂方式的基本理论知识, 为团队领导如何通过设计团队地位制度和团队目标有效缩小社会距离提高团队创造力提供理论指导。最终, 本书可以使组织清楚"什么样的管理思路可正向推动组织有效性"。

1.3 基本概念界定与说明

(1) 地位 (Status)。有正式地位和非正式地位之分, 其中正式地位是指员工在组织中的职位等级和工作头衔等, 通常源于组织规定, 是"制度设计"的结果; 非正式地位则指个体在组织这个社会网络中由他人赋予的地位, 是人际交互后"投射"出来的身份或形象, 比如个人影响力、声望、得到的尊重和认可等 (Magee & Galinsky, 2008; Sucharski, 2007)。本书聚焦于团队成员竞争正式地位的探讨, 因此下文的地位特指成员在组织中的正式地位。

(2) 地位竞争导致的团队断裂方式。地位竞争导致的团队断裂方式是本研究初次构建的核心构念, 与高地位群体成员追求更高地位目标或维护现有地位利益密切相关。以往研究发现, 团队地位分化既包括高-低地位子团队间的分化, 又包括高地位团队内部成员间的分化 (e.g., Sidanius & Pratto, 1999; Metiu, 2006; Polzer & Elfenbein, 2011); 其中有一类是团队中由高地位群体成员间展开地位竞争而纵向"联盟"其他低地位成员提高竞争力形成不同的子团队,导致团队发生横向分化纵向统整的情况;另一类是由于团队内部高地位成员为了维护现有的地位利益形成"联盟",联合封锁低地位群体,导致团队发生纵向分化横向统整的情况。前一类团队中,每一个子团队都包括有多种不同地位等级的成员,而后一类团队中会出现两个或两个以上地位层级比较单一的子团队,即高地位子团队和低地位子团队。综合上述这些特点,可提炼出两类地位竞争导致的团队断裂方式:A型和B型断裂方式。这与以往研究存在的其他断裂带类型存在明显差别。首先,从概念和研究目标来看,A型和B型断裂方式不仅是个体成员能够直接感知到的,而且是由个体主观的地位竞争导致的团队断裂,并在很大程度上受到高地位群体成员的人为操纵,这一方面的研究以往学者未曾涉及。其次,以往研究极少探讨地位竞争导致的团队断裂带,尽管有极个别研究曾涉及对基于资源的团队断裂带的初步探讨,但是,他们笼统地将权力、影响力、网络中心性和地位等统称为价值资源,迄今未有研究将地位竞争导致的这两种不同的团队断裂方式区分开来进行研究检验。

根据社会互赖理论和结构调适理论(Baer et al.,2010),"结盟"的团队成员比单独行动的个体更能提高竞争适应能力,因此组织中高地位成员统整是非常普遍的现象。与团队断裂相对应,团队统整包括横向统整和纵向统整。横向统整是指水平联盟,即地位层级相同或相近的员工虚拟合作形成地位同质体。例如,对高地位子团队而言,横向统整是指高地位子团队的整团统整;同样,对低地位子团队而言,横向统整是指低地位子团队的整团统整。纵向统整则指垂直联盟,即存在地位差的员工相互接近形成地位异质体;对高地位团队而言,纵向统整则指组织内由高地位群体成员主导的跨高低地位层级的地位异质团队的统整。

综合上述关于团队内部分化和统整的分析,本书将主要探讨两种断裂方式,一种是横向分化纵向统整,文中称之为A型断裂方式,如图1-

1 所示；另一种是纵向分化横向统整，文中称之为 B 型断裂方式，如图 1-2 所示。其中 A 型中的两个或两个以上的子团队中，每个子团队都包括有两种或两种以上不同地位层级的员工，他们为了追求更高的地位而进行统整，这种子团队内部的地位差较大。而对于 B 型，高地位成员和低地位成员分化为两个或两个以上地位层级比较单一的子团队，高地位成员为了维护既得地位利益联合对低地位子团队实施"地位封锁"，而低地位成员为了打破地位封锁降低地位风险也会联盟对抗高地位子团队，这种子团队内部的地位差较小。

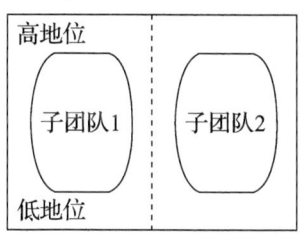
图 1-1 A 型团队断裂方式

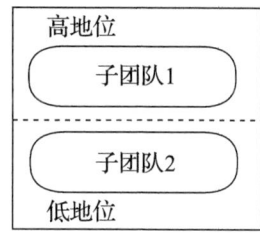
图 1-2 B 型团队断裂方式

（3）子团队（Subteam）是指存在团队中的因为某一（些）方面的同质性/异质性使得不同成员构成不同的小团体或联盟。有研究（Carton & Cummings，2012；Cooper & Thatcher，2010；倪旭东等，2015）认为，由于成员在认同、利益或知识方面的同质性/异质性，从而走到一起形成不同的子团队。

（4）社会距离（Social Distance）。本书定义的社会距离主要体现为团队内部成员的内子团队与外子团队间一般社会关系的互相理解和亲密的程度，而不是团队内部成员之间的社会关系密切程度（Phelan et al.，2013；Smith et al.，2014；卢国显，2006）。

（5）团队创造力（Team Creativity）。它是指团队内部成员集体头脑风暴而产生的具有独创性的有用的思想、方法、服务或产品的产生过程与形成结果（Anderson & West，1998；Hsu & Fan，2010）。

(6) 地位稳定性（Status Stability）。地位稳定性是指团队内部成员地位发生变化的可能性（Saguy & Dovidio, 2013）。

(7) 共享目标（Shared Vision）。这是指团队内部所有成员共享同一个目标的程度，有利于促使每个成员都会为该目标的实现而共同努力（Anderson & West, 1998；Kozlowski & Bell, 2003）。共享目标具有 4 个基本特征：明确性、前瞻性、可实现性和共享性（West, 1990）。

1.4　研究内容框架

本书共分六章。其中核心研究部分共包括两个研究，研究一是质化研究（第四章），研究二是实证研究（第五章），实证研究是基于质化研究模型基础上的实证检验。本书的具体内容安排如下：

第一章为绪论，主要交代研究背景、研究目的与意义、研究方法与技术路线、研究框架和内容、主要创新点，同时对地位竞争导致的团队断裂方式、地位、地位稳定性、社会距离、共享目标和团队创造力等核心概念进行界定。

第二章是文献综述，这部分对团队断裂带、子团队和地位竞争与分化等三大研究领域相关文献进行系统的梳理和总结，为后续质化研究和实证研究奠定基础。

第三章是本书的总体设计和构思，其中包括两部分，研究的主要思想与总体构思和研究设计。

第四章是质化研究，该部分包括质化研究的目的、研究方法和数据收集、团队断裂方式的构念研究和质化研究模型构建，并对地位竞争导致的团队断裂方式及其影响因素模型，以及地位竞争导致的团队断裂方式与团队创造力研究概念模型进行理论解释。

第五章是实证研究，是对第四章的质化研究做进一步的实证检验，该部分包括研究目的、理论和假设提出、研究方法、检验结果和小结。

第六章是研究结论和讨论,包括质化研究和实证研究整体的结论、理论贡献、实践意义、研究不足和未来展望。

1.5 研究方法与技术路线

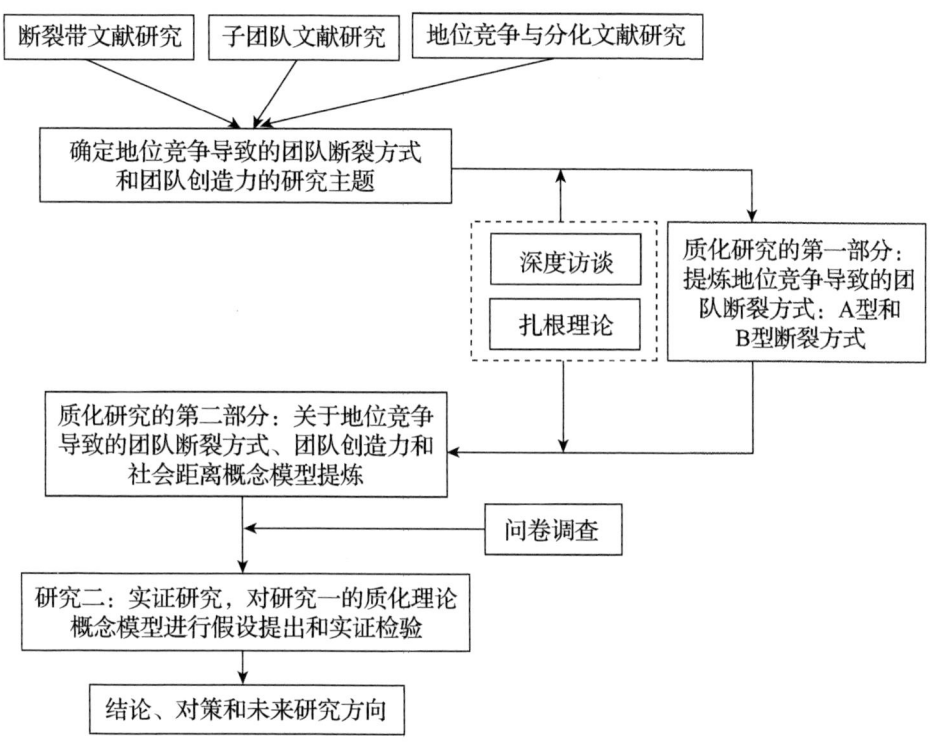

图 1-3 研究设计和技术路线

1.6 主要创新点

本书的创新点主要包括四个方面:首先,本书率先提出了地位竞争导致的团队断裂方式：A 型和 B 型，并且研究发现二者对团队创造力和社会距离存在不同的影响效应。一方面，通过扎根理论分析方法提炼出可操作化研究构念，不仅为本书的理论模型构建和实证检验奠定了基础，而且也为今后其他学者探讨团队断裂带及其影响提供新的研究视角或思路；另一方面，通过实证检验发现不同断裂方式的影响效应存在明显差别，这是本书的第一个主要创新点。

其次，本书基于社会距离理论的研究视角，深入比较和探讨团队内部成员所属内子团队和外子团队间的社会关系、亲密程度和交往意愿，由此揭示团队断裂方式作用于团队创造力的中介机制，有效地避免了以往研究彻底地将互动的两面（合作和冲突、分化和统整）人为割裂开来的情况。以往研究普遍存在两个方面的缺陷：一是忽视了断裂团队内部的互动实际上是取决于成员所属内子团队与外子团队之间的互动这一事实；二是以往研究人为片面地将合作和冲突、分化和统整割裂开来，忽视了正反两面可能同时并存，且在不同的情境下甚至可以互相转化的事实。本研究首次着眼于成员所属内子团队与外子团队间的社会距离视角，能够更加全面深入地揭示两种不同的团队断裂方式对团队创造力的作用效应和作用机制及其异同，补充和完善了团队断裂带与团队创造力之间的中介机制研究。

再次，本书还将地位稳定性和共享目标纳入探讨，进一步比较探讨在子团队边界可渗透和竞争释放程度不同的情况下 A 型和 B 型断裂方式对团队创造力的影响效应及其异同。以往研究忽视了对这两种情境的考察。本研究通过将地位稳定性和共享目标纳入探讨，揭示在什么样的情境下可以有效提高地位竞争导致的断裂团队的创造力和效能的问题。

最后，本书还将有效整合地位竞争理论和团队断裂带理论的观点，不仅为将来学者提供新的研究视角和思路，而且还进一步推动学者深入探讨与地位/地位竞争相关的团队断裂带/断裂方式及其影响效应，积极推动了地位竞争理论和团队断裂带理论的整合、发展和深化。

第 2 章 理论回顾与研究评述

2.1 团队断裂带研究综述

2.1.1 团队断裂带产生的理论基础

团队断裂带的研究是在多样性/异质性的研究基础上发展而来（Lau & Murnighan，1998），因此，其理论基础主要有社会认同理论、自我归类理论、相似性-吸引理论和多属性重叠理论等。

（1）社会认同理论（Social Identity Theory）。社会认同理论（Tajfel & Turner，1986）假定人有维持高水平自尊和积极自我鉴别的期望，会从自身认同的团队中定位自我价值。在这种期望驱动下，成员会进行社会比较，积极区分各子团队间的差异，并据此对自我的身份进行定义，将自己归属为某个子团队，团队中同属于某一子集的成员就会形成子团队。在断裂团队中，团队成员既可以将自己定位为团队的成员，也可能将自己定位为子团队的成员，如果是前者则团队认同凸显，如果是后者则子团队认同凸显，但是在团队断裂情况下成员往往会更加认同自己所属的内子团队。

（2）自我分类理论（Self-categorization Theory）。该理论认为社会成

员会习惯性地将自己和他人按照社会类别进行分类，对自己进行社会识别，最终识别的结果导致子团队的形成（Tsui, Egan & O'Reilly III, 1992；Turner, 1985）。如果人们在心理上认同某个子团队，则他们对该子团队及其成员的支持或喜欢会胜过对其他外子团队（Abrams et al., 1990），这种偏好或喜欢会进而强化他们的内子团队归属感（Tajfel & Turner, 2004）。

（3）相似性-吸引理论（Similarity-attraction Theory）。该理论观点认为，人们之所以会互相吸引主要是因为个体之间存在的相似性（Bryne, Clore Jr & Worchel, 1966）。比如团队成员在性别、教育背景、个性、种族和国籍等方面的相似性会使这些成员关系更加亲密，互动交流更多更方便（Bezrukova et al., 2016；Nishii & Goncalo, 2008；Thatcher & Patel, 2011），与此相反，异质性会使成员之间产生误解、隔阂甚至排斥。从而导致团队内部成员间出现"我们-你们"之分，团队无形中被划分为不同的子团队。

（4）多属性重叠观点。该观点主要是出现在子团队的研究文献中。这种观点关注团队成员在多个属性间存在相似性或重叠，使得团队内部某一子集的成员的身份凸显性更加突出（Bezrukova et al., 2007；Carton & Cummings, 2012）。子团队内部成员在属性方面重叠程度越高或者相似的属性范围越广，这种子团队要比单一属性的相似性的情况更加稳定（e.g., Carton & Cummings, 2012），这也是为什么团队断裂带的相关研究在测量断裂强度时往往采取两个及两个以上指标进行测算而较少采用单一指标的主要原因。

（5）最佳区别性理论（Optimal Distinctiveness Theory；Brewer, 1991；Pickett & Brewer, 2001）。该理论描绘个体寻求独特性和相似性平衡的倾向，探讨关于团队内部成员相似性和差异性的互相影响。依据该理论的观点，在高断裂强度情况下，子团队及其成员将会更有动力与外子团队区分开来，其结果极易导致团队冲突（Halevy，2008；Thatcher & Patel，2012）。

2.1.2 团队断裂带的概念、类型和测量方式

（1）断裂带的定义界定

团队断裂带源于地质学中的地理断裂带，地理断裂带为团队断裂带的研究框架和理论构建带来启发。王端旭和薛会娟在研究中界定"地理断裂带是地壳岩层沿一个破裂面或破裂带两侧发生相对位错的构造形态，它是多条断层的聚合带。当断裂带两侧的岩层错动产生巨大震荡时，就会引发地震（王端旭，薛会娟，2009，p. 123）。"Lau 和 Murnighan（1998）在研究中认为，地理断裂带和团队断裂带存在如下几个方面的异同：一是团队内部成员在人口统计学方面的多样性/异质性特征与地壳岩层的多层性特征相类似。要想成功预报地震的发生必须同时考察同一区域多个地层的特征。同样，对于团队断裂带而言，仅仅局限于成员间的单一特征的分布情况难以深入考察多样性结构对团队过程及其结果产出的作用，因此，需要综合考察团队成员两个及以上的人口统计学特征及其协调效应。许多实践案例和理论研究表明，在团队合作过程中，由于团队内部多种构成特征的差异，例如性别、年龄、教育背景、任期、种族、国籍和地理区域等，导致团队内部出现了分化，团队被无形分化为两个或两个以上的相对同质的子团队。那些将团队划分为不同子团队的假想的分界线被称之为团队断裂带（Lau & Murnighan，1998）。二是在通常情况下二者均是隐性的，只有在事件或突发情况下才会被激活。因此，不仅地理断裂带存在休眠和激活两种情况，而且团队断裂带也存在休眠和激活两种情况。休眠和激活的地理断裂带的影响结果存在明显差别，休眠的地理断裂带不易导致地震的发生，而激活的地理断裂带极易导致地震的发生。但是对

于团队断裂带而言，有研究指出休眠和激活的断裂带二者之间尽管存在某些区别，不过二者对团队运作和绩效产出的影响差异并不显著（Chrobot-Mason，Ruderman，Weber & Ernst，2009；Zanutto et al.，2010）。三是这两种断裂带都会带来重大影响，不过导致的后果存在明显差别。地理断裂带极易引发地震的爆发，而断裂带会对团队的运作和效能产生较大影响。对于强的团队断裂带而言，对团队产生的影响既有可能是积极的也有可能是消极的，目前还存在诸多的不一致性，有待进一步研究探讨。

（2）断裂带的类型

在已有研究中，不同的学者们会依据不同的标准划分团队断裂带类型。目前，主要的分类依据和类型有如下几种：

浅层和深层的断裂带。Gratton 等（2011）和 Harrison，Price 和 Bell（1998）等学者将断裂带分为浅层和深层两种。初始的团队断裂带是由浅层归因所导致，如年龄、性别和功能背景等人口统计学因素，后期的团队断裂带是由深层的归因所造成，如个人价值观和态度等方面的差异。领导角色的影响，包括任务导向和关系导向的领导，以及任务导向转向关系导向的领导，或者关系导向转向任务导向的领导等。

客观属性和主观属性的断裂带。Hambrick，Li 和 Xin（2001）与我国学者王海珍等（2009）在研究成果或文献综述中将断裂带类型整理划分为客观的断裂带和主观的断裂带，其中客观的断裂带主要包括人口统计属性的断裂带，如性别、年龄、教育程度和任期等；心理属性的断裂带，主要是指团队成员在个性和能力等方面的断裂带；外部因素的断裂带，主要是指工作地理区域和母公司国籍方面的断裂带。无论主观还是客观属性断裂带，其测量都是使用人口统计学等客观指标属性进行测量。

激活的和休眠的断裂带。休眠的断裂带是基于某些属性潜在的断裂带，而激活的断裂带存在于当团队成员实际感知到基于一组属性使得各子团队差异化。以往大家普遍认为休眠断裂带只有在"促发器"（如突发事件等）的激活下才会变成被激活的断裂带，因而二者之间存在明显差别（Chrobot-Mason et al., 2009; Rink & Jehn, 2010）。不过，近年来有研究（Chrobot-Mason, Ruderman, Weber & Ernst, 2009）发现，即使断裂带没有被激活，处于休眠的断裂带也仍然会发挥作用，且二者之间存在高度相关性（Zanutto et al., 2010）。

基于分离的（Separation-based）、基于不一致性的（Disparity-based）和基于多样性的断裂带（Variety-based Faultline）。Carton 和 Cummings（2012）在基于 Harrison 和 Klein（2007）等学者的研究基础上总结认为，当团队内部部分成员存在相似的特征而不是全部成员都存在相似的特征时，团队会发生断裂，因而提出了上述三种类型的团队断裂带。他们认为"当一个子团队的成员共享一个子集的文化价值观而另一个子团队的成员共享另一种文化价值观时，该团队将存在一条基于分离的断裂带。如果一个子团队的成员共享高权力而另一个子团队都是低权力，该团队将存在一条基于不一致性的断裂带。当一个子团队的成员拥有相同的功能专业而另一个子团队的成员拥有不同的功能专业时，该团队将存在一条基于多样性的断裂带（Carton & Cummings, 2012, p. 449）。"

（3）断裂带的测量

测量断裂带的实证方法主要有两个方面：断裂强度和距离。断裂强度测量的是团队内部成员跨两个及两个以上个体特征属性的阵营的差异化程度（Thatcher et al., 2003）。Lau 和 Murnighan（1998）认为，断裂带强度取决于多种因素，包括被研究特征的个数、聚合程度和子团队数量等多个方面。尽管 Lau 和 Murnighan 对断裂强度的测量方式给出了方向，但是对于具体如何测量，他们并未提供具体的测量方法或计算公式，使得后续不同研究者开发出各种不同的测量方式。断裂距离是指团队中子团队间的分化使得差异化累积的程度（Bezrukova et al.，2009）。

断裂强度的测量。由于 Lau 和 Murnighan（1998）只是给出了断裂带的定义，并未提出具体的测量方式，因此，其他学者对断裂强度开发出不同的测量方式。一种是通过实验操控。在实验情境中，研究者基于个体特征逐渐形成属性同质化的子团队。另一种是经验推断。由于在现实情境中团队是不可能被研究者任意划分为不同的子团队的，因此，断裂带的测量如果以经验推断为主其结果可能会受到断裂带如何被操控的影响，否则无法反映实际情况。由于这两种方法都存在较大的缺陷，因此不被广泛采用。

断裂距离是指子团队差异的程度（Bezrukova et al.，2009）。Trezzini（2008）认为断裂距离的一种测量方式是基于跨分类属性的方法。虽然断裂距离并非 Lau 和 Murnighan（1998）最初讨论的断裂带的独特特征，不过许多研究已证明该概念与断裂团队的高度关联性。

比较常用和有效的方法是通过具体的计算方式测算出团队断裂强度的情况。自从 Thatcher 等（2003）第一次提出具体的测量公式以来，后来的学者如 Shaw（2004）、Trezzini（2008）、韩立丰和王重鸣（2010）以及 Meyer 和 Glenz（2013）等学者也提出了其他的测算方式。其中一种被最普遍应用的断裂强度测量方式是 Thatcher 等（2003）率先提出的强度指数，该指数通过多元群聚的方法通过测算出整个团队各子团队间最强的分裂，通过测量方差的百分比体现。目前，团队断裂强度和断裂距离的测量方式主要划分为如下类型：方差分解法（Li & Hambrick，2005）、群聚法（Barkema & Shvyrkov，2007；Lawrence & Zyphur，2011）和跨类型法（Shaw，2004；Trezzini，2008）等。主要代表性测量方法的代表人、核心思想和指标如表 2-1 所示。

从上文可以看出，目前关于断裂带的相关测量方法还存在较大的分歧，并且缺点十分明显，具体表现为：一是指标的选择十分局限，仅仅

表2-1 断裂强度/距离测量方法文献汇总

作者和发表时间	核心思想	指标	局限性
Thatcher, Jehn, & Zanutto (2003)	第一次采用实证方法对团队断裂强度进行测量检验。其指标体系包括年龄、性别等人口统计学方面的客观指标进行强制类别化处理,针对所有可能的亚群体进行排序,然后分别计算每种划分方式下的强度(Faul),最终选择最大的那个值作为团队断裂的参考值	Faul	局限于两个子团队,对测量范围适用性要求很高,并且局限于客观指标
Shaw (2004)	认为团队断裂强度(FLS)取决于两个方面的因素:一是亚群体内聚合(subgroup internal alignment, IA),二是亚群体间聚合(cross-subgroup alignment, CGAI)	FLS = IA (1-CGAI)	当数据是有偏分时,结果出现偏差会较大,并且局限于客观指标
Trezzini (2008)	提出极化的多重多样性(polarized multi-dimensional diversity),认为断裂强度应该由三部分组成:断层深度、断层宽度和亚群体双极化程度	PMD	对团队规模限制较大,无法测量断裂带宽度最大化问题,并且局限于客观指标
韩立丰、王重鸣(2010)	以往的研究忽略了团队断裂宽度指标的探讨,因此,该学者基于前三种方法存在的缺陷,将断裂宽度纳入测量指标体系中。认为断裂强度包括三部分:同质性程度、断裂强度和断裂宽度	IGFS = IA × Fau × D 其中:IA 表示同质性程度,Fau 表示断裂强度,D 表示断裂宽度	各部分权重难以确定,并且局限于客观指标

续表

作者和发表时间	核心思想	指标	局限性
Van Knippenberg, Dawson, West & Homan (2011)	延伸Shaw的测量方式，提出乘法测量方法，基于相对方差通过余下属性解释一种属性	F	人为的痕迹比较重，内生性比较明显，并且局限于客观指标
Meyer & Glenz (2013)	基于聚类的方法鉴别子团队的数量和子团队的团队结构，适用于测量存在两个及以上的子团队的团队。分两步：第一步，采用聚类分析法识别一组基本结构（例如一组子团队）对具体团队成员进行聚类，第二步，按照每一个基本结构和标准对团队成员进行排列，得出最大的平均断裂带宽度（average silhouette width, ASW），从而找到最佳的识别方法	ASW	仅适用于两个子团队的情况，并且局限于客观指标

局限于人口统计学方面等客观指标，因此，所测量的断裂强度或断裂宽度仅仅局限于客观属性导致的断裂带，对于主观因素导致的断裂强度和宽度的测量问题，学术界至今还没有找到行之有效的解决方法。二是测量的方法差别较大，争议很多。虽然 Thatcher 等（2003）的 fau 指数及其扩展（Bezrukova et al.，2009）被最广泛地应用，但是还远未达成共识。由于上述两个局限性，使得团队断裂带的相关研究与发展受到了极大限制（e.g.，Harrison & Klein，2007；Joshi & Roh，2009）。

2.1.3 断裂带的前因与结果

截至目前，关于断裂带及其作用的研究主要聚焦于探讨断裂带对团队层面和个体层面结果的影响，但是也有个别文献探讨组织层面的断裂带对组织绩效产出的影响。本节主要从组织、团队和个体三个不同层面对现有研究进行简要评述。通过文献梳理、分析和整合，团队断裂带的前因和结果如图 2-1 所示。

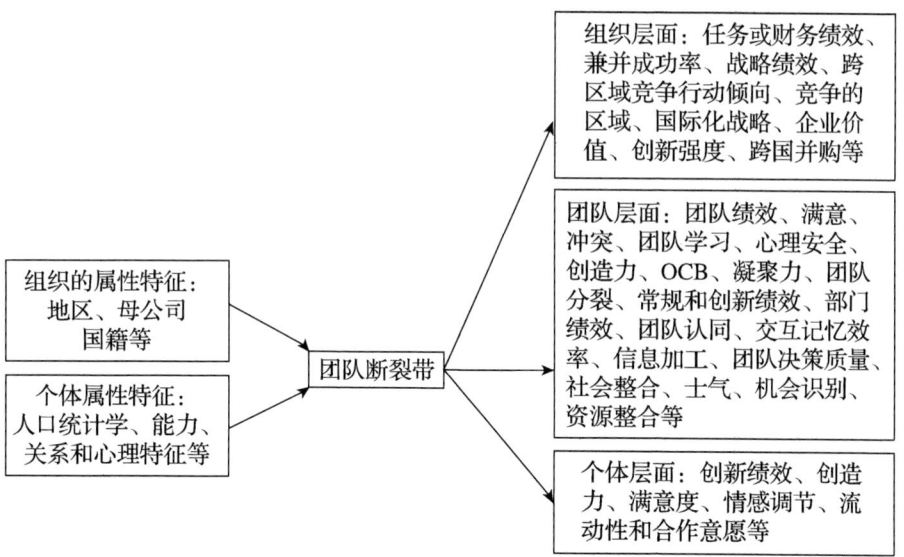

图 2-1　团队断裂带的影响因素和结果

(1) 团队断裂带的前因

个体特征属性构成潜在的差异是促使团队断裂带产生的主要原因。至今，已有的研究文献中主要是依据 Lau 和 Murnighan（1998）的最初定义描述，即断裂带主要是由于团队或组织个体成员在一个或多个特征属性方面的突出差异而导致的。主要是那些能够反映个体特征差异的客观属性指标，例如性别、年龄、任期、教育程度、专业、部门、个性和目标等。

(2) 团队断裂带的影响结果

通过对已有文献的梳理、分析和整合发现，与团队断裂带相关的因变量主要涉及组织、团队和个体三个层面。

组织层面。由于断裂带对组织层面结果的探讨还处于初始阶段，现有研究文献不多。截至目前，断裂带导致组织层面的结果变量主要有任务/财务绩效、兼并成功率、战略绩效、跨区域竞争行动倾向、竞争的区域、国际化战略、企业价值、创新强度、跨国并购等。主要有如下研究：Bezrukova 等（2016）通过研究美国棒球大联盟的数据发现，组织层面的断裂带（通过对团队层面人口统计学方面的断裂带聚合）和组织绩效呈负相关关系。Heidl，Steensma 和 Phelps（2014）通过对 59 个多伙伴联盟的纵向数据分析检验发现，在总体上断裂带提高联盟内部无计划分裂的危险。Ndofor，Sirmon 和 He（2014）研究发现，经验断裂带会抵消高管团队异质性带来的积极效应，进而降低兼并企业的成功率。而 Simons 等（1999）研究发现，高管团队内部出现与任务相关的断裂带会提高公司的财务绩效水平。Cooper，Patel 和 Thatcher（2013）以 380 个高管团队为样本探讨信息断裂带与组织绩效之间的关系，研究结果发现断裂强度与公司绩效之间的关系取决于外部情境因素的影响。

团队层面。目前关于断裂带与团队结果方面的研究已经存在大量的文献，这些影响结果主要包括：团队绩效、满意、冲突、团队学习、心理安全、创造力、OCB、凝聚力、团队分裂、常规/创新绩效、部门绩效、团队认同、交互记忆效率、信息加工、团队决策质量、社会整合、士气、机会识别、资源整合等。关于断裂带对绩效方面的影响存在三种不同的结果：认为团队断裂带会降低团队绩效（Bezrukova et al., 2016; Chrobot-Mason, Ruderman, Weber & Ernst, 2009; Bezrukova et al., 2007; Molleman, 2005; Nadolska & Barkema, 2014; Ndofor et al., 2015; Thatcher & Patel, 2012; Thatcher & Patel, 2011），提高团队绩效（Bezrukova et al., 2009; Bezrukova et al., 2007; Gibson & Vermeulen, 2003; Hutzschenreuter & Horstkotte, 2013; Van Knippenberg et al., 2011）或与团队绩效不存在显著的相关性或取决于情境（Kirkman et al., 2013; Kunze & Bruch, 2010; Webber & Donahue, 2001; 孙祥薇, 2011）等。断裂带与团队过程等结果变量的关系，具体如增强任务和关系冲突，降低团队凝聚力（Jehn & Bezrukova, 2010; Thatcher & Patel, 2011），共享团队认同、交互记忆效率（Polzer, Jarvenpaa & Kim, 2006; O'Leary & Mortensen, 2010）。强断裂带对行为产生负面影响从而影响团队绩效，例如团队学习（Gibson & Vermeulen, 2003; Jehn & Rupert, 2008; Lau & Murnighan, 2005）、信息加工（Meyer et al., 2011），团队运行（Molleman, 2005）和决策风险（Barkema & Shvyrkov, 2007; Rico et al., 2007），团队层面OCB（Choi & Sy, 2010）和对创业问题的注意（Tuggle, Schnatterly & Johnson, 2010），还有与团队凝聚力、信任、尊重和喜欢呈负相关关系（Cronin et al., 2011; Molleman, 2005）。

个体层面。目前关于团队断裂带对个体层面结果变量的影响主要包括：创新绩效、创造力、满意度、情感调节、离职意愿和合作意愿等。研究发现，团队断裂带负向影响团队成员与其他部门共事的意愿和努力程度（Price et al., 2007）。社会分类断裂带会负向影响个体绩效和正向影响离职意愿（Bezrukova, Thatcher & Jehn, 2006）。年龄、性别和种族的断裂带与个体情感调节正相关（Kim, Bhave & Glomb, 2013）。团队断裂带与个体创新绩效正相关,与常规绩效负相关(董玉杰,2015)。与身份相关的断裂带与创新绩效负相关,与个体主观/客观绩效正相关(陈睿,2013)。种族断裂带与个体搬离社区的意愿正相关,并最终影响个体的离职意愿和绩效表现(Ragins et al.,2012)。

2.1.4 团队断裂带的作用机制和理论解释

现有的研究和学者们从多个理论视角解读探讨团队断裂带的作用机理。截至目前,断裂带影响机制的理论基础主要包括团队冲突理论、社会整合理论、信息加工模型和分类加工理论等。表2-2汇总了国内外关于断裂带作用于结果的中介机制和调节/交互机制的主要研究。

(1)团队冲突理论。冲突理论(theory of conflict)认为,由于团队内部成员间不一致或不兼容,导致在团队内部出现各种冲突(Jehn,1995;Jehn,Rispens & Thatcher,2010)。依据该理论的观点,以关系冲突、过程冲突和任务冲突等作为中介。Klein等(2011)研究发现,团队冲突中介领导力和价值多样性交互对团队绩效的影响,聚焦任务和聚焦人际的领导力具有调节作用,其中聚焦任务的领导力会减弱工作伦理多样性和团队冲突的正相关关系,聚焦人际的领导力会强化传统主义多样性与团队冲突之间的关系。Thatcher和Patel(2011)的元分析研究发现,人口统计方面的断裂强度分别与团队绩效和团队满意负相关,并且这些关系分别被关系冲突、任务冲突和团队凝聚力部分中介。Jehn和Bezrukova(2010)通过三个实验研究探讨激活的团队断裂带对联盟形成、冲突和团队绩效的影响:首先,他们区别休眠的和被激活的断裂带并假定前者不会自动促使团队分裂,而团队的授权结构会促使团队成员的分裂,并且实验结果验证了激活的团队断裂带的心理特征测量的有效性并解释与其他过程联系的有效性;其次,他们通过实验进一步检验发现,与休眠的团队断裂带相比,激活的团队断裂带更加容易产生联盟、更高水平的团队冲突、更低水平的满意度和团队绩效;并且联盟的形成和团

表 2-2 断裂带与各结果变量的中介机制和应用边界汇总

作者和发表时间	断裂带类型	中介变量	调节变量	结果变量
Leslie (in press)	种族地位	部门凝聚力		部门绩效
Bezrukova, Spell, Caldwell & Burger (2016)	性别、年龄和国籍		内部聚焦冲突、外部聚焦冲突、薪酬水平	团队绩效、组织绩效
Perry-Smith & Shalley (2014)	国籍		信息社会网络	团队创造力
Cooper, Patel & Thatcher (2013)	信息断裂		环境活力、复杂性、慷慨	团队绩效
Cordery, Mathieu, Rosen & Kukenberger (2013)	国籍		心理安全、沟通媒介使用的丰富程度	沟通绩效
Ellis, Mai & Christian (2013)	目标	反思重构、感知赋闲	个体尽力导向、难度导向	团队常规/创新绩效
Hutzschenreuter & Horstkotte (2013)	与任务相关	断裂强度（人口统计变量）	多样化	团队绩效
Kim, Bhave & Glomb (2013)	年龄、种族和性别		任务相依性、社会互动	情感调节
Bezrukova, Thatcher, Jehn & Spell (2012)	教育水平、功能背景和组织任期		团队阵营结果导向	团队绩效
Hoever, Van Knippenberg, van Ginkel & Barkema (2012)	知识断裂带	团队信息加工	观点采纳	团队创造力

续表

作者和发表时间	断裂带类型	中介变量	调节变量	结果变量
Thatcher & Patel (2011)	功能背景、教育背景、年龄和任期	任务冲突、关系冲突、团队凝聚力		团队满意、团队绩效
Choi & Sy (2010)	性别、年龄和种族	任务冲突、关系冲突		团队OCB、团队绩效
Jehn & Bezrukova (2010)	休眠的、被激活的		团队认同	子团队冲突、团队绩效、团队满意
Kunze & Bruch (2010)	年龄		变革型领导	团队生产能力
Rink & Jehn (2010)	激活的断裂带	子团队形成	个人认同的类型、团队认同的内容	团队绩效
Bezrukova, Jehn, Zanutto & Thatcher (2009)	社会分类、信息		断裂距离、团队认同	团队绩效
Kearney, Gebert & Voelpel (2009)	年龄、教育		团队认知需要	团队绩效、任务相关信息加工、集体团队认同
Jehn, Bezrukova & Thatcher (2008)	社会分类、信息			任务/关系/过程冲突
Jehn & Rupert (2008)	社会分类、信息		心理安全、错误管理文化	任务学习、过程学习、社会学习

续表

作者和发表时间	断裂带类型	中介变量	调节变量	结果变量
Nishii & Goncalo (2008)	人口统计变量	团队心理安全、创意、信息共享	任务相依性、子团队均匀度	团队创造力
Pearsall, Ellis & Evans (2008)	激活的性别断裂带	情感冲突		团队创造力
Homan, Van Knippenberg, Van Kleef & De Dreu (2007)	价值观	团队信息加工		团队绩效
Rico, Molleman, SánchezManzanares & Van der Vegt (2007)	教育背景多样性断裂带		尽责性、团队任务	团队决策质量、社会整合
Li & Hambrick (2005)	性别、年龄、任期和种族	任务冲突、情感冲突、行为瓦解		团队绩效
Molleman (2005)	能力、个性		团队自治	团队凝聚力、团队冲突
Thatcher, Jehn & Zanutto (2003)	性别、年龄、国籍和种族断裂带		子团队均匀度	团队冲突、士气、绩效
Earley & Mosakowski (2000)	国籍断裂带			团队绩效
Pelled, Eisenhardt & Xin (1999)	年龄、任期和种族断裂带		任务常规性、团队寿命	任务冲突、关系冲突
陈志红, 周路路, 陈志斌 (2015)	性别、年龄和工作年限断裂带	沟通焦虑	苛责型领导	团队决策质量

续表

作者和发表时间	断裂带类型	中介变量	调节变量	结果变量
董玉杰（2015）	年龄、性别、教育水平、工作年限和工作性质断裂带		团队参与氛围、领导授权行为	个体创新绩效、常规绩效
李小青，周建（2015）	董事会成员类型、职能背景、教育程度和任期断裂带		董事长职能背景、持股比例	企业战略绩效
李远辉（2015）	籍贯、地区工作经历和受聘渠道断裂带		市场分割	企业跨区域竞争行动倾向、竞争的区域范围
刘新梅，韩晓，燕方，白杨（2015）	激活的断裂带	团队学习行为	结果相依性	团队创新
潘清泉，唐刘钊，韦慧民（2015）	团队任务相关、生理特征		创新能力	国际化战略
周建，李小青，杨帅（2015）	任务导向董事会群体断裂带	努力程度		企业价值
卫旭华，刘咏梅，岳柳青（2015）	任务型断裂强度		子团队均匀度	组织创新强度

续表

作者和发表时间	断裂带类型	中介变量	调节变量	结果变量
陈琛（2014）	社会分类和信息加工断裂带		共同目标	机会识别、资源整合
李维安，刘振杰，顾亮（2014）	董事会断裂带		环境不确定性	跨国并购
陈睿（2013）	专业背景、教育程度、性别、年龄、科研年龄	创新氛围	领导观点采摘能力、团队依存性	个体创新绩效
陈伟，杨早立，朗益夫（2013）	社会分类和信息认知断裂带	交互记忆系统	关系型领导行为	团队效能
韩立丰（2013）	认同、知识和资源断裂带	自我验证	变革型领导、转换型领导、学习导向	共享过程、决策质量个体创造力
陈帅（2012）	任务相关、关系相关	团队内外部学习、团队交互记忆系统、团队包容性感知	断裂距离、团队心理安全氛围	团队绩效
陈悦明，葛玉辉，宋志强（2012）	年龄、性别、公司任期、学历		团队认同	企业战略决策

队内部冲突中介激活的断裂带与团队绩效之间的关系,团队认同调节激活断裂带的影响效应,即高团队认同降低激活断裂带导致联盟和冲突产生的可能性。Pearsall等(2008)对比分析了激活的和休眠的性别断裂带对团队创造力的影响效应和影响机制,通过对80个团队开展创意产生任务比较研究的结果表明,激活的性别断裂带负向影响创意的数量和整体的创意创新性,而休眠的性别断裂带对团队创意的数量和整体的创意创新性无影响,且情感冲突部分中介激活的性别断裂带与创意产生之间的关系。Bezrukova等(2007)研究发现,强断裂的团队的冲突水平较高而绩效水平和满意度较低;任期和功能背景断裂的团队具有较高的绩效;研究结果还发现了任务冲突和过程冲突中介断裂强度和团队满意之间的关系。Li和Hambrick(2005)研究发现,人口统计学方面的断裂带对团队绩效产生负向影响,且二者之间的关系被任务冲突、情感冲突和行为瓦解有效中介,具体而言,在派系间宽的人口统计学方面的断裂距离会导致任务冲突、情感冲突和行为瓦解,这转而降低了团队绩效。

(2)社会整合理论。社会整合理论认为,社会整合是将不同的个体或部分整合为统一协调的整体的一种过程(Durkheim,2014;Habermas,1984)。其主要衡量指标包括团结/分裂、敌对/忠诚、适应/反常、认同/排斥等正反方面。整合过程或机制主要包括沟通、规则整合、利益整合、交换、参与等方面实现成员对社会/组织/团队的认同、吸引、服从或支持等(Durkheim,2014;Habermas,1984;吴晓林,2013)。团队断裂使团队发生分化,通过有效整合过程可以降低消极影响提高团队绩效产出。从这一视角所涉及的中介变量主要包括情感整合、团队沟通、团队合作、行为整合、沟通焦虑、团队凝聚力和团队心理安全等。Leslie(2015)研究发现,种族地位断裂带和部门绩效存在负相关关系,二者之间的关系被团队凝聚力中介。Ndofor等(2015)基于资源-行动-绩效模型(resource-action-performance model)的观点研究认为,高管团队异质性正向影响资源-行动联结,负向影响行动-绩效联结,当异质性导致强断裂时，所有的积极影响都会消失；竞争行动中介断裂带与团队绩效之间的关系。Thatcher 和 Patel（2011）研究认为，断裂带会带来过程阻碍，例如阻碍协作和信任，从而与团队绩效存在负相关关系。Nishii 和 Goncalo（2008）研究发现，人口统计学的断裂带通过团队成员感知心理安全在子团队间表达不同的创意和信息共享作用于创造力。Sawyer，Houlette 和 Yeagley（2006）的实证研究得出了断裂带与决策绩效的负向关系，具体而言，在属性相互交叉断裂强度很弱的团队中，团队成员更积极参与团队决策并表达自己的观点，团队成员所掌握的信息得到更好的交流，因而团队决策绩效会更好。陈志红等（2015）研究发现，团队断裂带与决策质量存在负相关关系，二者之间关系被沟通焦虑中介；另外，苛责性领导具有调节作用，苛责性领导会强化沟通焦虑从而降低团队决策质量。

（3）分类加工模型（Categorization-elaboration Model）。该模型由 Van Knippenberg 等（2004）率先提出，他们研究认为，所有的多样性既有积极的一面也有消极的一面，从而需要有机整合关于多样性的观点。其中一种观点认为社会分类的多样性不利于团队绩效，由于多样性使成员产生"我们"和"他们"的区分或想法，使得团队绩效下降；另一种是多样性信息决策有利于团队绩效的观点，该观点认为，由于团队包含各种不同的观点和想法，因而有利于提高团队绩效产出（Van Knippenberg et al.，2004；van Knippenberg & Schippers，2007）。依据该理论，信息加工、信息共享、团队反思过程、交互式记忆系统、团队学习、决策全面性和过程认知阻碍等将是主要的中介变量。Ellis 等（2013）根据分类加工模型的观点认为，团队目标断裂带会提高团队的创造力，由于反思重构的上升，当团队成员通过专业替换框架建立在每个人的创意上时，期望目标断裂带的好处就能得到实现；然而，与团队实施尽力而为目标和团队采取具体的有挑战性的目标相比，发生目标断裂带的团队会展现较低水平的任务绩效，这是因为感知闲散提高的结果。Rico 等（2012）通过对

74个四人团队源于性别和教育专业的断裂带的研究结果表明，当具有横切的角色的团队被指定高目标时其绩效优于子团队，因此，具有均衡目标的团队不会受到目标操作的影响，并且团队断裂带和团队绩效之间的关系被任务相关信息加工中介。Hoever 等（2012）研究认为，当团队采取观点采纳时，多样性团队的创造力比同质性团队更高，但是如果没有观点采纳这个研究结果就不成立；他们还研究分析得出团队信息加工的中介作用要比信息共享和任务冲突更强。Kearney 等（2009）对来自8个组织83个团队的数据的检验结果表明，当团队需要高而不是低的认知时，年龄和教育多样性与这些结果变量正相关；任务相关的信息加工和集体团队认同中介认知需要对两种多样性与团队绩效之间的关系。Homan 等（2008）通过对58个异质性四人团队开展一项交互式任务的研究结果发现，奖励结构平均的多样性团队的绩效低于实施差异化报酬结构的高级认同的团队，且信息加工中介断裂带与团队绩效之间的关系。Homan 等（2007）研究认为，为了实现团队绩效目标，当员工具有多样性信念而不是同质性信念时信息多样性团队绩效更好，而信息同质性团队不会受到多样性信念的影响，其中信息断裂带与团队绩效之间的关系被团队信息加工中介。Schippers 等（2003）研究发现，结果相依性、团队年龄和多样性三方交互影响团队满意和承诺，这些关系被团队反思过程中介。Simons 等（1999）研究发现，高管团队内部出现与任务相关的断裂带会提高公司的财务绩效水平，其中决策全面性具有部分中介作用。陈伟等（2013）通过对167个团队的数据研究发现，社会分类断裂带与团队效能存在负相关关系，而信息认知断裂带与团队效能存在正向影响，交互记忆系统中介关系型领导对主效应的调节作用。陈帅（2012）研究发现，团队心理安全调节团队断裂带与团队绩效之间的关系被团队的交互记忆系统中介，即团队心理安全氛围越高越能促进团队的交互记忆系统发挥积极作用，从而提高团队绩效，反之亦反；另外，研究还发现，交互记忆系统分别中介任务型/关系型断裂带和团队绩效之间的关系。刘新梅等（2015）通过对 68 个团队的研究结果发现，团队学习中介激活的断裂带对团队创新绩效的负向影响，结果相依性具有调节作用，它通过促进团队学习减弱断裂带与团队创造的负相关关系。陈帅（2012）研究发现，团队断裂通过减少团队外部学习间接降低团队绩效。

（4）其他中介和调节机制。例如周建、李小青和杨帅（2015）通过对 300 家上市公司的数据研究发现，董事会努力程度中介任务导向型董事会团队断裂带对企业价值的负向影响。韩立丰（2013）考察认同型、知识型和资源型断裂带分别与决策质量和群体互动过程的影响，研究发现自我验证具有完全的中介作用。陈睿（2013）的博士论文研究发现，科研型团队断裂带通过团队创新氛围间接作用于个体创新，团队依存性和观点采摘能力具有调节作用。

2.1.5　团队断裂带与团队创造力

目前，学者们关于团队断裂和团队创造力关系的研究主要存在三种不同的观点，包括正相关、负相关和不相关，研究结论存在明显的不一致性。具体情况如下：

第一种观点认为团队断裂带会对团队创造力产生负向影响。代表的研究和观点主要有如下几个，比如 Barkema 和 Shvyrkov（2007）对高管团队信息断裂带与战略决策创造性的关系进行了探讨，结果发现信息断裂带会抑制子团队间的沟通和信息交换，使得子团队中的成员更加偏好保守选择，结果导致战略性创新显著减少。Bezrukova 和 Jehn（2003）在研究感知的团队断裂与创造力的关系时发现，感知的团队断裂带通过产生联盟和增加冲突有损团队创造力。

第二种观点认为团队断裂带会正向促进团队创造力。主要代表学者如 Nishii 和 Goncalo（2008）研究发现，人口统计学方面的团队断裂带会提高团队的创造力；Perry-Smith 和 Shalley（2014）通过对 82 个长期 MBA 项目团队的数据实证分析，结果表明国籍的团队断裂带会正向促进团队创造力；Ellis 等（2013）根据分类加工模型的理论观点认为，团队目标断裂带会提高团队的创造力；中国学者卫旭华等（2015）研究发现，任务型团队断裂带与组织创新强度正相关，并且任务型子团队越不均匀二者之间的正相关关系越弱，即子团队越不均匀情况下，任务型团队断裂带对创新强度的正向影响越强，子团队均匀度越高，任务型团队断裂带对创新强度正向影响越弱。

第三种情况，断裂带和团队创造力的关系呈非线性或不显著。一种观点认为团队断裂带和团队创造力之间的关系取决于情境，例如在 Pearsall 等（2008）和赵景慧（2011）关于性别断裂带与团队创造力的关系研究中，他们通过团队开展创意产生的任务表明，激活的性别断裂带负向影响创意的数量和整体的创意创新性，但是如果性别断裂带没有被激活，则与团队创造力没有影响；研究结果还表明，在激活的情境下那些潜在的断裂带将会引起个体的实际的断裂带感知，这种感知通过提高情感冲突降低子群体沟通而有损团队创造力，其中包括观点数量和总体创造力。Hoever 等（2012）研究发现，个性和知识断裂带与团队创造力之间的关系是情境依赖的，关键取决于观点是否被采纳，只有当观点被采纳时这种断裂带才会促进团队的创造力。另一种观点认为，团队断裂带与团队创造力之间存在倒 U 型关系，中等强度的断裂带最有利于团队创造力，例如我国学者孙慧琳（2015）通过对中国大陆 98 个研发型团队上下级配对样本数据分析后发现，团队断裂带与团队创造力呈倒 U 型关系；另外，他们还发现，知识转移渠道和团队快速信任具有显著的调节作用，当二者水平越高主效应的倒 U 型关系越平缓。

2.1.6 以往研究存在的不足

首先，团队断裂带和团队创造力之间关系的研究结论存在极大分歧。截至目前，关于团队断裂带与团队创造力之间关系存在正相关、负相关、倒 U 型和情境依赖等结论。从中可以看出单纯从断裂强度或断裂状态等方面探讨团队断裂带对团队创造力的影响无法使人明白团队断裂带与团队创造力之间的关系。以往研究忽视了团队断裂方式的重要意义。因此，只有从团队断裂的方式切入探讨二者之间的关系，才能有效消除以往研究结论存在的分歧。不同的团队断裂方式生成的子团队在结构特征、心理特征和动机导向等方面存在极大差异。因此，将来应从团队断裂方式角度探讨团队断裂带对团队创造力的影响效应。

其次，以往研究关于中介机制的探讨还不充分，尤其是对团队中内子团队与外子团队间的互动的研究还十分缺乏。尽管以往研究探讨了认同、冲突和合作等中介，但是以往研究通常将合作和冲突割裂开来独立进行考察，至今没有研究将冲突和合作互动的两面同时纳入研究框架。另外，以往研究主要探讨团体互动，忽视了对内子团队与外子团队间互动的深入探讨，结果使得研究结论存在一定程度的片面性。因此 Van Knippenberg 等（2011）学者呼吁要进一步探讨其他潜在的中介机制，例如社会距离（Ren, Gray & Harrison, 2014），通过揭示内子团队与外子团队间的情感、态度、看法、合作、亲近、歧视、排斥等意愿能深刻阐述团队断裂带对团队创造力的作用机制。另外，Bezrukova 等（2007）预测认为，团队中子团队间存在的"缺口或间隙"也会对团队效能产生潜在的极为重要的影响，这个研究也间接指出团队中内子团队与外子团队间的社会距离是潜在的重要中介机制之一。

最后，以往研究忽视了对地位竞争导致的团队断裂方式和团队创造力之间关系的考察，以及忽视了对组织地位制度和团队领导作用的考察。以往研究主要关注认同、任务相依性、团队寿命、子团队均匀度和领导风格等方面影响的探讨，极少涉及地位稳定性和共享目标的影响的探讨。因此，未来研究应该将二者纳入地位竞争导致的团队断裂方式与团队创造力的研究框架中进行深入探讨。

2.2 子团队研究综述

2.2.1 概念

子团队是团队断裂的产物（Carton & Cummings, 2012）。以往研究认为，由于团队成员在认同、利益或知识方面的同质性/异质性，从而走到一起形成不同的小团体即称之为子团队（Carton & Cummings, 2012; Cooper & Thatcher, 2010；倪旭东等, 2015）。子团队形成的基础是多样性（Blau, 1977）和团队断裂带（Carton & Cummings, 2012; Lau & Murnighan, 1998）。具体而言，就是团队成员基于客观的人口统计学方面的属性特征（Gibson & Vermeulen, 2003），共享利益、信念、价值观或认同等（Carton & Cummings, 2013; Ren et al., 2014），或者为了获得更多的资源或机会（Magee & Galinsky, 2008; Mannix, 1993）等方面原因而结盟形成子团队。

2.2.2 类型

目前，关于子团队的类型主要有如下四种：

（1）基于认同的子团队。有研究认为，当团队过程或情境导致成员意识到他们与部分成员具有类似的核心特征时，基于认同的子团队就形成了（Carton & Cummings, 2012; Hogg & Terry, 2000）。有两个原因导致基于认同的子团队的产生：一是因为成员感知到较高程度的认同威胁。例如，当成员感知到其他子团队的存在及行为会对其造成威胁时（Hornsey & Hogg, 2000）。基于相似性吸引（Byrne, 1971）和同质性（McPherson et al., 2001）相关研究也表明，当人们感知到对那些他们认为具有同样特征或类似的价值观的成员产生强烈的依附时，基于认同的子团队就产生了。二是因为感知到认同发散造成的，使得成员不能感知到自己和其他成员属于同一个团队（Yoon, Baker & Ko, 1994）。基于认同的子团队的研究主要来源于多样性，主要包括四种典型类型：阀（clique）、价值观同质性子团队（values homophilies）、关系型子团队（relational subgroups）和社会子团队（social subgroups）。其中阀主要产生于社会网络中，可以划分为基于任务的阀和基于社会交流渠道的阀（Tichy, Tushman & Fombrun, 1979）。价值观同质性子团队依据核心价值观而产生；关系型子团队基于社会归属或者重叠认同形成；社会子团队主要由那些具有类似态度且信念持久的成员构成。

（2）基于资源的子团队。有研究认为，当决策能巩固一个子集的支配位置时，基于资源的子团队就形成了。由于关键资源的稀缺性如财务决策权、权力和地位等（Magee & Galinsky, 2008），导致许多成员想要占据支配位置。资源往往与个体在组织中的等级密切相关，因而与低权力、低地位或低权威者相比，高权力、高地位或高权威者更容易形成支配型子团队（Carton & Cummings, 2012）。基于资源的子团队主要有四种典型类型：同盟（coalition）（Mannix, 1993）、派系（factions）（Li & Hambrick, 2005）、共同体（alliances）（Levine & Moreland, 1998）和集团（blocs）（Ulmer, 1965）。以往研究认为，同盟极易在高管团队和社会网络中出现，派系极易在政治团队中出现，共同体是为了占据资源，集团极易在存在较大权力差或层级结构比较清晰的团队中出现。

（3）基于知识的子团队。有研究认为，基于知识的子团队的形成与巩固子团队成员拥有的独特的认知图式的差异程度方面的因素密切相关，例如，劳动分工会指导成员通过向那些具有共同象征物、脚本、知识框架和解释方式的成员获取知识信息，从而促使基于知识的子团队的形成（Bezrukova et al., 2009）。基于知识的子团队主要有四种典型类型：同期组群（cohort）、信息子团队（informational subteams）、簇（clusters）和任务相关的子团队（task-related subteams）。其中在同一时间段进入组织形成的子团队称之为同期组群（Carton & Cummings, 2009；McCain,

O'Reilly & Pfeffer，1983）；成员在工作任务方面的表现等信息相似性导致子团队的形成被称为信息子团队（Bezrukova et al.，2009）；簇是由知识共享的模式形成（Tichy et al.，1979）；任务相关的子团队是由于团队任务的本质促使成员依据专门的知识、训练和经验形成的子团队（Choi & Sy，2009）。

（4）基于地理的子团队。主要是基于空间或地理位置的划分而产生的子团队。O'Leary 和 Mortensen（2010）研究认为，基于地理的子团队具有更少的共享团队认同和更低的交互记忆效率，更多的冲突和协作问题。Polzer 等（2006）研究发现地理断裂带提高冲突降低信任，当团队划分为两个均匀的子团队以及当这些子团队是由同一国籍构成时断裂强度更大。Cramton 和 Hinds（2004）研究通过探讨多国分布领域的团队表明局部区域的差异也可以促使子团队的形成。

2.2.3　子团队的影响效果

截至目前，关于子团队的形成及其影响等方面相关研究主要围绕团队层面的结果变量进行探讨。大量研究表明，子团队的形成或产生与团队的结果变量密切相关。具体而言，Ren 等（2014）从社会网络视角研究发现，态度分离、地位不一致性和信息多样性子断裂带分别生成态度分离子团队、地位不一致性子团队和信息多样性子团队，这三种情况都会对团队绩效产生负向影响，而子团队间的友谊和仇恨纽带具有调节作用，其中友谊纽带会提高团队绩效，而仇恨纽带会降低团队绩效。Ormiston 和 Wong（2012）研究发现，在去集权化的组织中，居于主导地位的团队发生分化有利于促进团队绩效的提高。Cronin 等（2011）通过对 64 个 MBA 团队数据研究发现，认知型子团队的形成会降低团队满意和团队效能，认知整合具有调节作用。Li 和 Hambrick（2005）的研究结果发现，在派系间宽的人口统计学方面的断裂距离会导致任务冲突、情感冲突和行为瓦解，从而降低团队绩效。而 Crawford 和 Lepine（2013）

从社会网络视角研究发现，团队断裂成不同的子团队有助于提高团队绩效。

Carton 和 Cummings（2013）经过对 326 个跨国公司工作团队的数据的实证研究结果发现了子团队类型的重要性，子团队的数量和平衡对团队绩效的影响取决于子团队的类型，其中断裂成两个基于认同的子团队的团队，团队整体绩效要比其他情况更差，但是当这两个子团队是基于知识分裂的情况时上述这种独特的负向影响会不显著；相反，基于知识的子团队数量越多团队绩效越好，当团队只有两个子团队的情况下其整体团队绩效要低于拥有三个或三个以上的子团队的团队，但要好于没有子团队的团队（非断裂团队）的绩效水平。当基于认同的子团队是不平衡的，而基于知识的子团队是平衡的情况下整体团队绩效会更好。另外，他们还发现子团队数量和子团队平衡程度存在交互效应，但是，这种交互效应的性质取决于子团队的类型。O'Leary 和 Mortensen（2010）通过对 62 个 6 人规模的团队的准实验研究结果表明，团队构成显著影响团队活力，具体而言，基于地理的子团队具有更少的共享团队认同、更低的交互记忆效率、更多的冲突和更多的协作问题。在有子团队的团队中，子团队不均匀（人数不同）会使得上述结果进一步恶化，当在团队中存在由少数成员构成的子团队的情况时（即子团队极其不平衡的情况），该团队在上述四个方面的得分都是最差。相比而言，团队内部在地理上被完全隔离的成员（在同一地点没有同事，个体独立开展工作的情况）在四个方面的表现都要好于均匀和不均匀的团队结构的情况。Polzer 等（2006）研究发现地理断裂带提高冲突降低信任；当团队划分为两个同样规模的子团队且当这些子团队是由同一国籍构成时，断裂强度更强，冲突更加严重。Cramton 和 Hinds（2004）研究发现，通过探讨多国分布领域的团队表明，局部区域的差异也可以增加子团队的动力学，其中民族优越感是最有可能的，其次是机关团队间的学习，他们认为如果团队内部成员都主动互相呈现差异化，将更有可能促进团队成员向其他差异化子团队学习，这样，成员在理解跨国关系的问题上会更加准确，并且会更加胜任自己的管理工作。另外，还有研究发现，存在两个子团队的团队存在较大的内群体偏差，而存在三个子团队的团队中无明显的内群体偏差，子团队凸显性不明显，而两个子团队会导致剧烈的竞争（Hartstone & Augoustinos, 1995）。

Polzer（2004）研究发现，当两个子团队各自来自不同的组织且组织都强调个体主义和声望时，高的组织认同会导致较低的子团队间合作，当决策者感知其他竞争部门也强调个人主义或声望，虽然组织认同会对子团队间的合作产生负向影响，但是却会促进子团队内部的合作。Gibson 和 Vermeulen（2003）研究认为，当在一个团队中出现子团队时会刺激学习行为产生，并且组织设计特征如外部领导的绩效管理、团队授权和知识管理体系的有效性等会对团队产生不同的影响，这些都取决于子团队强度。研究还发现，在控制子团队强度影响的前提下，高同质和高异质的团队都更有投入学习行为的倾向，另外，该研究还发现了子团队强度调节组织设计特征和团队学习的关系。Wit 和 Kerr（2002）研究发现，提高任何阶层的社会分类的凸显性都会提高参与成员对所属阶层的利益的关心和贡献。个体会提高对集体利益的关心和贡献，但当团队划分为两个子团队时关心和贡献水平是最低的，这是由于将成员区分为内子团队和外子团队以及与对立子团队跨分类所造成的。Hornsey 和 Hogg（2000）研究发现，子团队认同威胁是社会和谐的最大障碍，子团队认同会威胁社会认同，产生防卫反应，导致冲突发生。

2.2.4　子团队的作用机制和理论解释

现有的研究从多个理论视角探讨解读子团队的作用机理。截至目前，子团队影响机制的理论基础主要包括信息加工模型、冲突理论和团队整合理论等。表 2-3 汇总了国内外关于子团队作用于结果的中介机制和调节/交互机制的主要研究。

表2-3 子团队与各结果变量的中介机制和应用边界汇总

作者和发表时间	子团队/前因变量	中介变量	调节变量	结果变量
Heidl, Steensma & Phelps (2014)	联盟		网络中心性	无计划分裂
Ren, Gray & Harrison (2014)	态度分离子团队、地位不一致性子团队和信息多样性子团队		友谊纽带、仇根纽带	团队绩效
Carton & Cummings (2013)	基于认同的子团队、基于知识的子团队		子团队数量、均匀度	竞赛表现
Crawford & Lepine (2013)	基于知识的子团队分化		任务复杂性	团队绩效
Ormiston & Wong (2012)	子团队分化、基于信息的子团队		去集权化	团队绩效
Cronin, Bezrukova, Weingart & Tinsley (2011)	子团队形成	情感整合	认知整合	团队效能、团队满意
Carton & Cummings, 2010	断裂强度 × 不公正	子团队间行为合作		心理困扰
O'Leary & Mortensen (2010)	地理子团队		子团队均匀度	团队认同、交互记忆效率、团队冲突
Bezrukova, Thatcher & Jehn (2007)	基于阵营	任务冲突、过程冲突	异质性	团队绩效、团队满意

续表

作者和发表时间	子团队/前因变量	中介变量	调节变量	结果变量
Polzer, Crisp, Jarvenpaa & Kim (2006)	地理/国籍子团队		子团队数量、特征	冲突、信任
Lau & Murnighan (2005)	断裂带		跨子团队的工作沟通	团队学习感知、心理安全、满意和期望绩效
Li & Hambrick (2005)	派系	任务冲突、情感冲突、行为瓦解		团队绩效
Cramton & Hinds (2004)	子团队凸显性		感知互赖、平等地位、社会交往、信息共享、包容接触、信息交换	民族优越感、跨国学习
Polzer (2004)	依成员关系划分子团队		个体主义、集体主义	团队合作
Gibson & Vermeulen (2003)	人口统计学方面的子团队、子团队优势		外部领导的绩效管理、团队授权、知识管理体系的有效性	团队学习行为
Wit & Kerr (2002)	子团队凸显性			对集体利益的关心和贡献
Hornsey & Hogg (2000)	子团队凸显性			群体偏见
Hornsey & Hogg (1999)	子团队类型			群体偏见
Hartstone & Augoustinos (1995)	子团队		子团队数量	内群体偏见

从表 2-2 可以看出，目前关于子团队对团队结果的影响机制方面的研究还比较少，现有的中介机制主要有团队冲突、团队合作、跨团队学习和团队整合等方面。

（1）冲突理论。主要包括团队冲突和子团队间的冲突。冲突理论（theory of conflict）认为，由于团队内部成员间不一致或不兼容导致在团队内部出现各种冲突（Jehn, 1995; Jehn et al., 2010）。具体而言，当团队内部出现人际不兼容，例如紧张、敌意和烦恼时就会导致关系冲突或情感冲突；当团队内部对工作任务内容方面的不一致时，例如在观点、创意和看法等方面出现不一致时就会导致任务冲突；当团队出现对工作过程环节方面的不一致时，例如如何开展工作等方面的不一致时就会导致过程冲突。团队断裂分化出不同的子团队，各子团队为了占主导地位会导致关系冲突或过程冲突。当团队内部的子团队实力比较相当时，团队内部的关系冲突或情感冲突会比较严重，当各子团队均匀度比较低的情况下，子团队间的冲突水平会较低。例如，Li 和 Hambrick（2005）研究发现派系的形成会导致任务冲突、情感冲突和行为瓦解，进而降低团队绩效。Bezrukova 等（2007）研究发现，联盟的形成导致团队内部冲突会降低团队绩效。O'Leary 和 Mortensen（2010）研究发现，基于地理的子团队具有更多的冲突和协作问题，子团队不均匀会使得团队绩效更差。Carton 和 Cummings（2010）研究发现，断裂强度与不公正交互正向影响心理困扰，二者之间的关系被子团队间行为合作中介。

（2）社会认同理论。依据社会认同理论的观点，那些在价值观等方面存在较高认同的成员极易形成子团队，因而导致子团队内部高认同，对外子团队的低认同或者高认同威胁会降低团队绩效。例如，Polzer（2004）研究发现，当两个子团队各自来自不同的组织，各组织强调个体主义和声望，高的组织认同会导致较低的子团队间的合作，当决策者感知其他竞争部门也强调个人主义和声望，组织认同对子团队间的合作产生负向影响，不过这会有利于子团队内部的合作。Hornsey 和 Hogg

（2000）研究发现，子团队认同威胁是社会和谐的最大障碍，子团队认同会威胁社会认同产生防卫反应导致冲突发生。

（3）团队整合的观点。总体来看，由于团队存在多个子团队，不同子团队均有自己的心智模型、情绪或认知模式，因此需要经过团队整合（Cronin et al., 2011）、子团队间的交互（Marks et al., 2005）和学习（Gibson & Vermeulen, 2003）增强对多样性知识来源的利用才会促进团队绩效。如果不能有效利用或整合，子团队数量越多越不利于团队绩效的提高。例如 Cronin 等（2011）研究发现，认知整合调节子团队产生和团队效能的关系，情感整合中介二者之间的负相关关系，他们认为该研究结论适用于存在子团队的任何团队。

2.2.5 研究不足

目前，关于子团队方面的研究存在的不足主要有如下几个方面：

一是以往研究忽视了对地位竞争导致的子团队的探讨。尽管以往研究对基于资源的子团队有少量的探讨，但以往研究主要从社会学领域探讨美国白人群体和黑人群体在社会中的地位断裂带使得黑人和白人子群体的冲突（Hornsey & Hogg, 1999；2000），或者关于多数人和少数人子群体的探讨（Morrison et al., 2009；张建玲，赵玉芳，2012）。至今没有文献研究探讨组织中工作团队成员由于地位竞争导致团队分化生成地位竞争导致的子团队及其影响后果。Loch（2000）等曾明确指出，在组织中员工追求更高的地位是亘古不变的主旋律，因此团队中成员地位竞争尤其是高地位群体的地位竞争（Blader & Chen, 2011；Metiu, 2006）极易导致团队出现地位竞争导致的团队断裂带，生成地位竞争导致的子团队。但是，关于地位竞争导致的子团队的产生及其影响后果至今未有研究进行探讨。因此，将来在组织行为学领域探讨地位竞争导致的子团队及其对团队创造力的影响具有十分重要的理论意义。

二是中介机制的研究还十分不充分，以往研究主要从团队冲突、子团队间的冲突、团队整合和认同等视角进行探讨，将冲突和合作割裂开来进行探讨，忽视了冲突和合作是不可割裂的两个互动面，因而研究结论在客观性和全面性上存在一定的局限性。将来应从其他研究视角进行探讨，其中尤其是对于能够充分反映团队内部各子团队间的全面互动的研究视角的探讨（Meyer & Glenz, 2013），例如社会距离（Magee & Smith, 2013; Park & Burgess, 1969），社会距离的大小能够有效反映出子团队间的互动关系，距离越大意味着内子团队和外子团队间冲突越激烈合作程度越低，反之，社会距离越小说明内子团队和外子团队间的合作程度越高冲突程度越低。但是至今未有研究对此进行深入探讨，因此，从社会距离理论视角探讨地位竞争导致的团队断裂方式对团队创造力的影响机制将会具有重要的理论意义。

三是调节机制探讨得不充分。团队断裂形成子团队对团队创造力的影响非常复杂，极易受到组织情境的影响，例如地位稳定性（Saguy & Dovidio, 2013）和共享目标（Carton, Murphy & Clark, 2014; West, 1990）等会导致子团队间的情绪和感受发生变化，从而影响团队绩效产出。因此，未来研究还要重视对这些情境因素的考察。

2.3 地位竞争与分化文献综述

2.3.1 地位的概念

地位来源于组织规定，比如个体职级、等级或头衔等，它代表个体在组织中占有价值资源的数量和质量（Lamertz & Aquino, 2004）。从这个角度来看，高地位群体相对占据更高的职位，并因此占有依附在所占位置上的资源，包括权力、薪水或成就感等（e.g., Lin, 1999）。但是高地位的获取有先赋性因素，也有后致性因素的作用，对于依赖先赋性因素和机会主义因素取得有利生态位（Ecological Niche）（Pearce, 2011）。

2.3.2 地位竞争与分化及其影响

高地位群体（High-status Group）是指在组织中占据核心位置，具有特殊业绩或高影响力并得到他人认同的高端员工集合。虽然在现实中这个群体被广泛认定为组织的重要资产，并被假设会积极推进组织有效性（e.g., Burt, 2004; Perretti & Negro, 2006; Simon & Peterson, 2000），但在学术界却存在不同看法，最近出现的几个研究似乎都聚焦在高地位团队的负面影响，比如 Metiu (2006) 基于高地位团队对低地位团队实施"地位封锁"（Status Closure）的事实得出了高地位团队损害合作引致分化的结论；而 Polzer 和 Elfenbein (2011) 基于"地位差"以及 Hambrick (1994) 的"行为整合"（Behavioral Integration）概念验证了更多的地位"明星"不是提高而是降低团队效能的假设。仔细分析这些研究后不难发现，虽然没有挑明，但这些研究都是从地位分化的角度延伸，即现有研究大多假定高地位分化会导致负面产出而损害组织有效性（Blader & Chen, 2011; Brewer, 2007; Sidanius & Pratto, 1999）。

Bendersky 和 Hays (2012) 曾从地位资源的"零和性"（Zero-sum）角度做过解释，认为资源的有限性会导致竞争，而竞争则导致对立和分化，使团队出现地位断裂带。因此，从负面解析团队地位断裂带的影响不仅在逻辑上是"合理的"而且"有证可考"。但本研究聚焦的问题是，分化是团队地位断裂的唯一结果吗？如果不是，那么只沿着这一单一逻辑主线演绎结果的做法就需要重新考虑。事实上 Finn 和 Ashkanasy (2010) 研究发现，只要地位差设计合理，团队间的非生产性竞争就可能被合作和统整部分或全部替代。因此本研究预测，对高地位团队成员而言，竞争分化虽然是维护或提升已有相对地位获得更多资源的重要手段，但绝不是唯一手段，合作统整也是一个重要选择，典型情况如某些时候为了更好地竞争，人们不得不选择合作/统整。另外分化亦不是最终状态，根据社会互赖理论和结构调适理论（Baer et al., 2010），分化的团队会重新统整并形成新的子团队。而统整与分化对组织有效性的作用机制可能会存在很大差异。这说明在团队层面，合作和统整也是竞争分化的衍生物，因此在团队地位断裂研究中过分强调一方的作用而弱视另一方的作用的做法可能会使研究不完整；另外团队分化与统整总是会不断转化，分化并不是终极状态，所以不考虑统整过程而静态考察团队分化状态对组织有效性的影响的研究定位并不符合团队动力学观点。因此，透过团队高地位群体成员在什么情况下分化和统整将团队划分为不同的子团队，从中探讨地位竞争导致的团队断裂方式对团队绩效的影响会更加有效。

其中 Sidanius 和 Pratto（1999）与 Metiu（2006）的研究揭示了高-低地位群体间的对抗现象，发现地位冲突导致团队分化，内子团队与外子团队间互动减少，团队绩效水平降低，最终会损害组织有效性。Polzer 和 Elfenbein（2011）的研究则发现高地位团队内的"地位明星"并不是越多越好，由于存在相互竞争，当团队内的"地位明星"增加至一定程度后，团队效能不是增加而是减少。Finn 和 Ashkanasy（2010）的研究探讨了高地位团队地位冲突对成员情感和行为的影响，结果发现二者会反向发展。Calperin 等（2011）的研究则发现，高地位团队内的权力争执提高了高地位成员对低地位成员实施非伦理行为的概率。

Sidanius 和 Pratto（1999）、Metiu（2006）与 Calperin 等（2011）从群体间视角分别基于群体压制理论、社会支配理论和社会认同理论探讨了高-低地位团队间的相互作用机制及其结果。其中 Sidanius 和 Pratto（1999）认为，高地位成员为了维护现有地位会联合防护低地位成员，从而形成高地位子团队的"群体压制"。群体压制最终导致低地位子团队的负面产出和子团队间的对抗，团队出现分化会损害组织有效性。Metiu（2006）则发现高地位群体为了维持自己的地位优势会设法封堵低地位成员晋升高地位的可能"通道"，即"地位封锁"，其直接后果是高地位群体与低地位群体发生分化，群际间互动被"冻结"，绩效水平下降。而 Calperin 等（2011）则基于社会认同理论对高地位群体进行了研究，发现在团队中高地位子团队更倾向于对低地位子团队做出非伦理行为，这将导致团队分化和组织有效性降低，其解释是由于地位竞争导致的团队断裂造成社会隔离和子团队内部认同增强会负面影响团队效能。

Polzer 和 Elfenbein（2011）与 Finn 和 Ashkanasy（2010）则从群体内视角基于竞争排斥理论考察了高地位团队内部的地位分化机制。前者通过对华尔街投资银行的"卖方"高地位个体进行研究发现，团队效能首先随地位"明星"的增多而增强，但是当数量增至一定程度后，拥有更多地位"明星"的高地位团队反而报告了更差的团队效能，二者反向演绎。对此，他们基于"地位差"以及 Hambrick（1994）的"行为整合"概念进行了解释。在存在地位差的情况下，高地位成员内部激烈竞争谋求更高地位层级导致团队断裂，使得高地位群体内部因"地位明星"的分化而形成若干个子团队，这会降低团队效能。

从上述文献梳理可以看出，高地位群体成员既可能通过分化竞争更高的地位也可能通过统整维护现有的地位，两种不同的团队断裂方式将会使团队创造力或绩效存在明显差别。

2.3.3 研究不足

以往关于地位竞争导致的团队断裂的探讨过分专注于对地位分化的探讨，而忽视了对合作/统整的考察。这种定位对于个体层面的研究而言容易理解，因为地位资源是"零和的"（Bendersky & Hays, 2012），"一人所得必是另一人所失"（Bendersky & Hays, 2012, p. 4）。但是在团队层面，情况就很不一样，与分化的情况类似，统整也是获取地位资源的重要手段。如果忽视对统整面的考察，则很多问题可能会得不到合理解释，比如高地位团队经常会因为竞争而分化，分化之后又会迅速与其他地位层级的成员统整形成新的子团队。如果只有分化才可以维护和提升地位，那么重新统整就没有必要；而如果分化只是竞争的唯一结果，统整就不会在竞争的环境中出现。显然这些假设都存在疑问，实际情况很可能是，高地位成员间分化或统整关键取决于成员间的地位目标同质性、多样性或相依性的程度。有研究预测认为，团队内部成员间的同质性和依赖性也是导致团队断裂形成子团队的重要原因（Carton & Cummings, 2012; Harrison et al., 1998），从而为这两种团队地位断裂方式提供了充分的理论依据。要想探讨团队地位断裂带及其影响，应该重点从团队断裂方式及其影响因素进行探讨。

上述研究不足主要源于一个"共识性"观点，即地位资源是"零和的"，只能通过竞争分化手段获取（Bendersky & Hays, 2012）。但是这些在团队层面的研究忽视了几个事实：第一是地位是分层的，不同地位层级的员工会有不同诉求，合作和统整是有空间的（Rubin & Hewstone, 2004）；第二是不同职业生涯阶段追求的地位目会有所不同，多样性地位目标允许相互融合。这些事实说明，团队成员地位目标同质性、异质性或相依性会导致"我们－他们"的认知加深形成不同的子团队。另外，由于团队内部子团队间的情感和认知非常复杂，像以往研究那样仅仅从认同、冲突、学习或互动等某个单一视角进行探讨都不够充分，因此探讨一个新的视角非常必要，比如将 Park 和 Burgess（1969）的社会距离理论延伸至地位竞争导致的团队断裂带的研究。考虑到团队分化与统整直接导致子团队间认知、感受、情绪和社会互动作用于团队创造性产出，因此借助社会距离便于更加深刻、系统和完整地揭示地位竞争导致的团队断裂带对团队有效性的影响效应和作用机制。

2.4　本章小结

本章首先对断裂带、子团队和团队地位竞争与分化统整的相关文献进行梳理、分析和总结，明确团队断裂方式对团队绩效产出的重要意义，并指出从新的研究视角深入系统地探讨团队断裂带对团队创造力的影响效应和作用机制的必要性，为第四章质化研究和第五章实证研究打下了坚实的理论基础。尽管对团队断裂带的研究已经开展近20年，并已取得较为丰硕的研究成果，但是有待进一步解决的核心议题仍不少。具体问题和不足如下所述：

第一，通过对文献梳理可以清晰发现地位竞争导致的团队断裂带极可能会产生两种不同的断裂方式，它们的影响效应和作用机制极可能存在明显差异，但是至今未有研究对该构念进行系统深入的建构。由于地位竞争导致的团队断裂现象十分普遍，在较大程度上会给团队效能带来负面影响，但是理论界和实践界对地位竞争的团队断裂方式的构念、影响因素及其影响结果均缺乏清晰的了解，这都不利于提高团队管理效率。因此，建构地位竞争导致的团队断裂方式的构念迫在眉睫。

第二，以往研究普遍忽视了对地位竞争导致的团队断裂方式对团队创造力的影响效应和作用机制的探讨。以往研究尽管探讨了人口统计学、地理位置、空间位置、知识、个性、决策权等方面的团队断裂带及其对团队绩效产出的影响，以及休眠的、激活的或感知到的团队断裂带对团队绩效产出的影响效应和作用机制。但是，至今在组织行为学领域缺少对地位竞争导致的团队断裂带与团队创造力之间关系的探讨。由于团队成员间的地位竞争是一种普遍现象，所以开展这方面的研究将具有重要的理论意义和实践意义，能够为提高组织有效性提供理论基础和实践指导。

第三，迄今极少有研究从内子团队和外子团队间的社会互动视角探讨团队断裂带与团队创造力之间的中介机制。社会距离反映了子团队间的态度、看法和一般社会交往的亲密程度，社会距离能够充分反映出子团队间的合作和冲突、分化和统整的程度，因此，团队内部社会距离将会是团队断裂带和团队创造力之间潜在的重要中介机制之一，具有极高的研究价值。而以往研究仅仅单独考察竞争面或合作面的互动，存在较大的局限性。有学者大力呼吁要加强对潜在的其他中介机制的探讨,其中尤其要重视对团队中内子团队与外子团队间的互动进行全面深入的研究和探讨(Bezrukova et al.,2007),例如对社会距离等中介进行理论探讨和实证检验。

第四,以往研究忽视了团队断裂方式的重要意义。以往研究主要探讨团队断裂强度、断裂状态、子团队数量和均匀度等对团队创造力或绩效的影响,忽视了团队断裂方式的决定作用,结果导致学术界在对于团队断裂带会对团队创造力产生什么样的影响的问题上至今仍然存在较大分歧。基于上述文献综述结果可以推测,团队断裂方式对团队创造力存在决定作用,其重要程度极可能要比团队断裂强度、断裂状态、子团队数量和均匀度更大。因而,应对不同断裂方式进行有效区分,而不是像以往研究那样简单地将各种不同断裂方式的团队断裂带划归一种情况笼统地进行考察。

最后,情境因素的探讨还有较大的空间。例如,高地位子团队成员有可能变成低地位子团队的成员,而低地位子团队成员也可能有机会变成高地位子团队的,这些情况在组织中是比较常见的(Saguy & Dovidio,2013;黄殷,寇彧,2013);那些阻碍或限制子团队间互动的因素如组织中的地位制度设计等也是我们知之甚少的一个方面(Pettigrew,2008),是影响团队断裂带和团队创造力之间关系的重要情境之一。另外,依据资源竞争和相依性的观点(e.g.,Gause,1936;Pearce,2011),在竞争释放或不释放的情况下高低地位子团队间的互动存在明显差别,而共享目标可以使得内子团队与外子团队之间的竞争和合作、分化和统整的程度发生明显变化。本研究从中可以推测,地位稳定性和共享目标这两个情境变量会对地位竞争导致的团队断裂方式与团队创造力之间的关系产生重要影响。

第 3 章　地位竞争导致的团队断裂研究构思

3.1　整体研究思想与总体构思

地位竞争在组织中是一种十分普遍的现象（Bendersky & Hays，2012；Loch et al.，2000），高地位群体成员的地位竞争极易导致团队内部出现分化和统整（Bendersky & Hays，2012；Metiu，2006），由此带来的后果至今未明。因此，构建地位竞争导致的团队断裂带的相关构念并深入探讨其影响，已成为组织行为学学术界和实践界面临的一项紧迫任务。本研究将采用扎根理论分析方法和实证研究方式相结合，对地位竞争导致的团队断裂带及其影响进行归纳提炼和实证检验。

质化研究的目的是使组织管理者识别地位竞争导致的团队断裂方式及其影响机制。首先，对地位竞争导致的团队断裂方式的构念进行探讨，构建并区分两种不同的断裂方式：A 型和 B 型，及其影响因素模型。依据前边的文献回顾发现，高地位群体成员地位竞争的目标不同及其对他人的依赖程度的差异极可能导致团队中存在两种不同的断裂方式。由于目前还缺乏完善的理论对该现象和问题进行探讨和解释，因此，采用深度访谈和扎根理论分析方法对相关构念进行归纳和提炼十分必要。这为后续开展关于地位竞争导致的团队断裂方式及其影响效应提供了必要的前提条件。

其次，在地位竞争导致的团队断裂方式构念构建基础上进一步建构理论概念模型，从田野中的各种现象探寻答案追根溯源。发生断裂的团队通过内子团队与外子团队间的社会关系作用于团队创造力，不同的团队断裂方式内子团队与外子团队间的社会关系存在明显差别。但是，以往研究对此缺乏系统深入的探讨和阐述，为了充分揭示地位竞争导致的团队断裂方式对团队创造力的作用机制，继续采用扎根理论分析方法，通过对深度访谈得到的文本数据进行分析，提炼并呈现其作用于团队创造力的中介机制和调节机制。最终，经过两个阶段的扎根理论分析，建构出本研究的理论概念模型。

实证研究的目的在于对上一阶段扎根理论分析提炼出的理论概念模型进行实证检验。由于扎根分析只是提炼理论概念模型呈现各变量的基本逻辑关系，但是缺乏深刻的理论分析和严谨的实证考察。因此，关于模型中各变量之间存在的深刻的理论逻辑关系还有待进一步分析和梳理，A型和B型断裂方式作用于团队创造力的影响效应和作用机制还有待进一步考察。本书将通过对问卷数据的独立样本T检验和分层回归分析找到最终的答案，使人清楚A型和B型断裂方式作用于团队创造力的影响效应、作用机制、调节机制及其差异。实证研究不仅是对上一阶段质化研究结果做更进一步的考察和检验，也使得整体研究变得更加系统、深入和完善，研究过程更加严密，研究结论更加严谨和强壮。基于上述目的，本研究提出质化研究和实证研究的总体构思框架（见图3-1）。

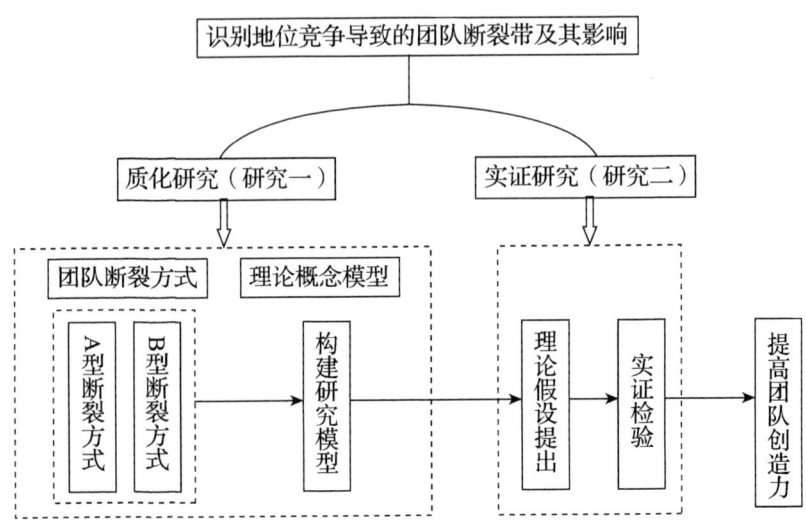

图 3-1 地位竞争导致的团队断裂整体研究框架

3.2 质化研究设计（研究一）

本部分主要运用扎根理论分析方法归纳提炼出地位竞争导致的团队断裂方式的操作性构念、影响因素模型以及构建地位竞争导致的团队断裂方式与团队创造力的理论概念模型。包括两大部分内容：首先是地位竞争导致的团队断裂方式构念的内涵和特征的初始性探索研究。通过深度访谈收集文本数据，采用扎根研究方法，参照卡麦兹（2009）的观点经过开放式初始编码和聚焦编码两个分析阶段，然后归纳提炼出地位竞争导致的团队断裂方式的构念及其影响因素模型，并对该部分内容进行理论解释。其次，针对访谈的数据资料继续运用扎根研究方法归纳提炼出地位竞争导致的团队断裂方式与团队创造力的理论概念模型。建构理论模型要经历开放性编码（Open coding）、主轴编码（Axial coding）和选择性编码（Selective Coding）（Glaser & Strauss，2009）三个阶段，然后提炼出地位竞争导致的团队断裂方式作用于团队创造力的中介机制和调节机制，并对该部分内容进行理论解释。这部分研究内容为下一步的实证检验提供理论概念模型支持。这部分内容由第四章质化研究完成。

3.3 实证研究设计（研究二）

本部分主要实证检验质化研究得到的理论概念模型，实证检验地位竞争导致的团队断裂带对团队创造力的影响效应及其作用机制。主要包括两部分内容：首先，理论和假设提出，整合团队断裂带和地位竞争理论的观点，深刻阐述质化理论概念模型中各变量之间存在的具体的逻辑关系。其次，对假设进行实证检验，采用问卷调研的方法按团队收集数据，运用SPSS20.0和AMOS19.0软件对问卷调查数据进行实证检验，从中揭示A型/B型断裂方式对团队创造力的影响效应、中介机制和调节机制，并比较两种不同断裂方式的影响效应存在的差异。这部分内容由第五章实证研究完成。

第 4 章 地位竞争导致的团队断裂质化研究

4.1 研究目的

有学者研究发现,追求地位是人类亘古不变的愿望(Loch et al.,2000),绝大多数团队成员都会十分关心自己现在和将来的地位(Blader & Chen,2011),因而在组织中由于成员地位竞争导致的团队断裂是一种十分常见的现象。整合已有的地位领域文献发现,对于表现为地位竞争取向的高地位群体而言,由于成员追求获取更高层级的地位,在高地位资源高稀缺性的前提下,相同地位层级的成员会因为竞争相同地位资源而发生排斥和冲突。根据生态位和竞争排斥理论(Ecological Niche and Competition Exclusion Theory)(e.g., Abramsky & Sellah, 1982; Hardin, 1960)的观点,除非发生性状替换(Character Displacement)或者竞争释放,即部分地位寻求取向被地位维护取向替代,或者竞争程度降低甚至彻底消失,否则横向分化的趋势很难逆转;而不同地位层级的群体成员由于不竞争相同的地位资源,可以相互利用,形成纵向统整。而对于表现为地位维护取向的高地位群体而言,由于维护地位旨在避免现有地位资源被转移(Bendersky & Hays,2012),因此相同地位层级的成员更容易在地位问题上达成群体认同（Oishi & Yoshida，2002）和行动一致性，结果导致团队纵向分化（高－低地位群体对抗）横向统整（地位同质群体趋向整合）。上述分析充分表明，团队内部高地位群体的地位取向不同很可能导致存在两种不同类型的地位竞争导致的团队断裂方式。但是，以往研究对此缺少探讨，致使地位竞争导致的团队断裂方式的构念至今未能得到全面、系统、深入的构建。基于 Cooper 和 Emory（1995）等学者的观点，对于这类未有充分理论界定和解释的现象和问题，采用扎根理论开展探索性研究是最行之有效的手段之一。因此，本研究将针对地位竞争导致的团队断裂方式开展质化研究，试图通过扎根理论分析提炼构念和研究模型，为后续进一步的实证检验提供必要的研究基础。今后，关于团队断裂方式的研究和探讨将会成为团队断裂带研究领域的新方向。质化研究的目的主要有以下两个方面：

首先，针对地位竞争导致的团队断裂方式的构念进行深入的研究和探讨，具体包括采用扎根理论方法对团队断裂方式、影响因素模型及其子团队的结构特征展开探讨，明确界定地位竞争导致的团队断裂方式的内涵，旨在为团队断裂带和地位领域相关研究以及团队管理工作的实践提供新的理论基础和研究视角，也为后续实证研究打下坚实的理论基础。深入研究地位竞争导致的团队断裂方式的构念内涵不仅可以完善和丰富团队断裂带相关领域的理论内容，而且还为今后组织管理实践提供理论指导和干预措施。因此，在探讨地位竞争导致的团队断裂方式与团队创造力之间关系之前，系统深入探讨地位竞争导致的团队断裂方式的构念及其影响因素模型十分必要。

其次，运用扎根理论方法构建地位竞争导致的团队断裂方式与团队创造力关系模型，从中探讨二者间存在的影响机制，为第五章的理论假设提出和实证检验奠定基础。因此，第四章和第五章都将围绕地位竞争导致的团队断裂方式对团队创造力质化概念模型构建和实证检验而展开。

4.2 研究方法与数据收集

4.2.1 扎根理论概述

通过对以往关于团队断裂带及其类型的相关文献梳理和整合，发现地位竞争导致的团队断裂方式未曾被以往研究所探讨，缺少清晰的构念阻碍了相关研究的进程。对于这类未有充分理论界定和解释的现象和问题，采用扎根理论开展探索性研究是最为有效的方法之一（Cooper & Emory，1995）。扎根理论的指导思想是鼓励研究者从现有的情境中发现问题、提炼概念和构建理论，故而被学术界公认为是最能确保研究的客观性和系统性，最科学的质性研究方法之一（Hammersley，1989）。因此，本研究将采用扎根理论分析方法的定性研究范式，采取半结构化形式深度访谈，提炼出地位竞争导致的团队断裂方式的内涵、特征和影响因素模型，并构建本研究的理论研究模型。

（1）扎根理论简介

扎根理论（grounded theory）是经由 Glaser 和 Strauss 于 1967 年率先提出的一种定性研究方法，它针对某一现象，通过系统化的程序归纳引导出理论和观点（Glaser & Strauss，2009）。在过去的五十年中，它已经被广泛应用于社会科学等研究领域，是最为普遍和有效的质性研究范式之一。它特别适用于缺乏理论解释或已有理论解释力度不足的研究。它强调所研究的问题来源于现实中的现象，研究者通过深度访谈等方式收集这些当事人的说法和做法，通过不断归纳和完善使信息达到理论饱和，能够充分反映出事物的本质，从而提炼出强壮的理论或观点。该理论方法提出以来历经众多学者补充、发展、完善及实践检验，目前已经形成了一套较为科学系统的理论分析归纳方法。其研究范式主要包括理论抽样、主轴编码、开放性编码、选择性编码和得出概念理论等环节。其中归于概念界定的探讨主要包括两个阶段,即开放性编码和聚焦编码,最终提炼出概念理论;而对于理论模型的构建则需要经历三个阶段,其中包括主轴编码、开放性编码和选择性编码,最终完成理论模型构建。

(2)理论抽样

扎根理论定性研究范式通常采用理论抽样(Theoretical Sampling),研究者在研究过程中根据所建构理论的实际需要,有目的地决定和选取样本(Glaser & Strauss,2009)。在研究过程中,研究者可以针对性地收集有代表性的样本和数据进行研究加工以及完善研究中出现的类属,直至理论饱和。在实施扎根理论研究过程中,学者们通常会选择那些最有利于探讨、理解和处理研究问题的样本。因此,在实际抽样过程中人们通常会从某些具有代表性的样本出发,数据收集和编码同期进行。然后,根据已有的数据编码和分析备忘录决定下一阶段的研究步骤,直至理论饱为止。

4.2.2 效度检验

扎根研究需要开展效度检验把关研究质量。在质化研究过程中研究者无法事先识别"效度威胁"并采取技术方法进行规避。由于研究的现象、问题或事物"不是一个脱离主体而单独存在的客观实体,不能单方面地被认知或证实,只能被主体在与其互动的关系中重建"(陈向明,2000,p. 401),所以,质化研究的效度只能在研究开展过程中及时跟进逐步检验,通过对各过程环节进行考察和严格把控,明确造成"效度威胁"的因素,判断这些因素是否已经、正在或即将影响质化研究效度,最终找到有效的解决办法。本研究将采用反馈法和参与者检验法对质化研究的效度进行检验把关,本研究所有编码均由两个人力资源博士各自独立完成,若编码结果存在分歧则必须及时进行讨论总结以达成共识(陈向明,2000)。本研究着重验证三个方面的效度:描述型效度、解释型效度和理论型效度,确保描述现象问题的文本数据真实、准确和客观,研究者全面理解并描述被研究对象对访谈事物所赋予的准确意义，最终使得依据相关理论基础建构的构念和理论模型能够真实客观地反映出所研究问题的本质特征和逻辑联系。反馈法是指研究者得出初步结论后广泛地与导师、博士同学或其他同行专家学者交换看法，从中吸取意见建议；参与者检验法是指研究者将初步的研究结论及时反馈给被研究对象，听取他们的意见。

4.2.3　样本选取

本研究的样本对象是知识员工构成的工作团队及其成员，这些样本往往任职于组织中的职能管理部门、研发部门或销售部门，文化程度较高、能力较强，对组织的贡献较大，较关心自己在组织中的地位状况，对个体成员在组织中的地位的理解更加深刻。访谈对象样本的选择主要基于两个标准：一是团队内部至少存在两个地位层级以上，并且每个地位层级的成员至少有两人或两人以上；二是不同地位层级成员间的权限和相关薪酬待遇存在一定的差别。每个团队邀请1至4名成员来参与半结构化深度访谈。参照理论抽样的宗旨，共计访谈14个团队（团队编号为A、B、C、D、E、F、G、H、I、J、K、L、M、N）30个成员。样本单位分布在武汉、北京、厦门、广州、苏州、合肥、杭州和南宁等八个城市，单位性质包括国有企业、政府部门、民营企业、台资企业和外商独资等，行业涵盖IT、汽车销售、制造业、石油化工和电信业等。

关于样本选择问题，被访谈对象在组织中的地位分别涉及高、中和低各个不同的地位层级，并且有一定的工作年限。这些样本部分是熟人朋友介绍，一部分是受访对象推荐或者企业推荐。这些受访对象都抱有开放的心态和热心参与的愿望，文化素质较高，在现组织或工作团队有一定的工作年限，善于观察现象和独立思考，表达意愿比较强烈，愿意将自己掌握的真实信息和想法客观完整地表达出来，并且所表达的信息有一定深度，对访谈者充分信任毫无保留，整个访谈过程都与访谈者保持良好的互动和友好的气氛。每次访谈都是 2~3 名研究成员同时访谈一名受访对象。在访谈过程中采用 2 支录音笔同时录音。访谈主要以面访和网络视频的形式为主。

本研究采用半结构化访谈方式搜集数据。依据 Kvale 和 Brinkmann（2015）的观点，半结构访谈的内容包括两部分：第一部分是被研究者的基本信息，如姓名、性别、年龄、所属部门、职位和工龄等；组织的基本信息，如单位名称、性质、行业和规模等；团队的基本信息，如团队年龄、团队构成和团队规模等。第二部分主要是研究内容，具体包括：（1）您所在的工作团队中是否存在地位竞争导致的团队断裂方式将团队划分成不同子团队的情况（要给受访对象解释清楚这种断裂方式）？（2）具体有哪些类型？（3）是什么原因导致这种/这些团队断裂方式发生？（4）请具体描述比较每种断裂方式产生的子团队存在的典型结构特征和心理特征。（5）请您具体描述团队成员对内子团队的看法、态度和情感。（6）请您具体描述子团队成员对外子团队的看法、态度和情感。（7）这种断裂方式会不会对团队创造力或绩效产生影响？如果会，请您具体谈谈是如何影响的。如果不会，那在什么情况下这种断裂方式才会对团队创造力或绩效产生影响？是如何影响的？（8）子团队成员对外子团队的看法、态度和情感会影响团队创造力或绩效吗？是如何影响的？（9）团队或组织应该采取哪些途径或方法才能够有效应对这种/这些断裂方式对团队创造力带来的影响？（10）您和您的团队成员是如何发现这种断裂方式的？你们是直接就能感受得到这种断裂方式的存在及其影响还是需要外部诱因的激活？（11）请谈谈您对其他类型的地位竞争导致的团队断裂方式的了解情况（假如他前边谈的是 A 型，看他是否对 B 型的情况也有所了解）等 11 个问题。其中第 1 至 6 问题收集的信息主要是关于地位竞争导致的断裂方式的构念的内容，第 7 至 11 问题是关于这两种断裂方式与团队创造力之间关系及其影响机制和应用边界的内容。

在访谈过程中不断对收集到的数据进行整理、比较和分析，在发现新问题后不断完善访谈提纲或话题，例如，第 11 个问题就是我们在访谈过程中发现其实有些成员不仅了解其中某一个类型，而且对其他断裂方式也有一定的了解，有些成员在不同的工作阶段或单位部门中经历过不同的团队断裂方式，但是却未必会主动谈到，因此补充该问题是十分必要的。多数成员的访谈次数是 1 至 2 次，但也有个别成员存在第 3 次的补充访谈，其中第一次访谈是面访，后续补充访谈主要是采取网络视频的方式，无论是面访还是视频我们都做好录音记录，对于网络视频，我们也是采用声音外放高保真的模式以保证录音的质量。最终，直至理论饱和才结束访谈阶段。

本研究在数据收集阶段严格把控各环节。在访谈前半个月做好访谈提纲，与导师组做进一步讨论、修改和完善，和企业的相关人员进行两个团队的预访谈，然后针对发现的问题再次进行修改和完善，最终确定访谈提纲。在实际访谈过程中，以访谈提纲的问题为主线开展访谈，并适时追问。每个被研究对象的访谈时长一般控制在 40 到 70 分钟之间，最长的达到 110 分钟，最短的也有 37 分钟。最后，把这 30 个样本的所有录音都转换成文本数据，总计文字达到 23.9 万字左右，其中最多的一个样本的文本达到 2.29 万字左右。参与访谈的 30 名被研究对象的基本信息及其编号见表 4-1。

表 4-1 被访谈对象的基本信息

团队编号	团队类型	成员编号	职务	年龄	学历	团队工龄
团队 A	销售团队	A1	部门经理	33	专科	1.5
		A2	业务经理	30	专科	2
		A3	销售代表	26	专科	2
团队 B	研发团队	B1	项目组长	36	硕士	4
		B2	工程师	32	硕士	3
		B3	技术员	27	本科	1.5

续表

团队编号	团队类型	成员编号	职务	年龄	学历	团队工龄
团队 C	行政管理	C1	部长	41	硕士	3
		C2	副部长	43	硕士	7
		C3	正科	35	本科	5.5
		C4	科员	28	本科	3
团队 D	行政管理	D1	正科	29	硕士	2
		D2	科员	27	硕士	1.5
团队 E	财务管理	E1	处长	32	硕士	5
		E2	副处长	35	硕士	5
		E3	科员	30	报考	4
		E4	科员	26	硕士	1
团队 F	营销管理	F1	中心副总	43	硕士	3
		F2	科员	30	本科	2.5
		F3	科员	25	硕士	1.5
团队 G	行政管理	G1	正科	39	硕士	8
		G2	科员	32	本科	5
		G3	科员	28	本科	4
团队 H	行政管理	H1	正处长	46	博士	8
		H2	副处长	38	硕士	3
团队 I	行政管理	I	正处长	48	本科	9
团队 J	行政管理	J	正处长	46	本科	14
团队 K	生产调度	K	调度员	26	本科	4
团队 L	采购	L	采购员	32	本科	8
团队 M	财务管理	M	出纳	27	本科	5
团队 N	销售	N	销售代表	29	本科	8

注：本表根据访谈对象基本信息整理而成

4.3 地位竞争导致的团队断裂构念研究

本节仅探究地位竞争导致的团队断裂方式构念的内涵和特征的初始性探索研究。参照卡麦兹(2009)的观点需要经过两个阶段的编码,即开放式初始编码和聚焦编码。以下内容就是两阶段编码。

4.3.1 开放性编码

开放性编码是扎根理论分析过程的第一步,是整个过程中最为至关重要的一个环节,要求对文本数据中识别出来的任何观点理论都要保持开放性(Burgess,2003)。研究者通过对文本数据的分解、比对和归类,使得蕴含在文本数据中的观点和信息呈现,然后将其整合构念化(Glaser & Strauss,2009)。在开放性编码过程中要逐词、逐句和逐事件进行详细编码,其中还要通过甄辨受访对象的语音语调和神态举止等进一步甄别其陈述信息的真实性和客观性,然后通过原始代码来表达出被访谈对象想要表达的客观信息,有效反映被访谈对象(其中包括不同地位层级的受访对象)对地位竞争导致的团队断裂方式的观点和看法。开放性编码标号采用的顺序是:被调查对象编号—回答内容句序编号,如编码 C2-3 表示编号为 C2 受访者所有陈述的第 3 句话。表 4-2 至表 4-6 分别为本研究对象 B1、C2、H2、E1 和 G1 的开放性初始编码示例及其基本信息。

表 4-2 被研究对象 B1 的开放性初始编码示例

原始资料	开放式编码
	初始概念
我们团队现在有两拨人马,大家都有高级工程师、	B1-1 团队断裂方式

第 4 章　地位竞争导致的团队断裂质化研究

续表

原始资料	开放式编码
	初始概念
工程师、技术员等各级技术人员，一边六七个成员。我们双方都想压过对方。他们来得晚，但是年轻，知识和技术更硬，想要抢占地盘，所以很拼命，希望早点研发出更好的产品取代由我们现在热销的主导产品。我们当然不能让他们得逞，因为他们一旦得逞很可能会取代我们。我们见到对方只是礼貌地打个招呼，其他没有什么交往。其实我们这边就是一条绳子上的蚂蚱，一荣俱荣一损俱损	B1-2 地位竞争、感知外部竞争威胁 B1-3 争夺领地、防范地位风险 B1-4 保护领地、防范地位风险 B1-5 排斥外子团队 B1-6 不同地位水平成员互赖

注：本表根据访谈内容整理分析而成

表 4-3　被研究对象 C2 的开放性初始编码示例

原始资料	开放式编码
	初始概念
我们两个（正副职）各有一队支持者，我的人数更多，都是原来留下的，从正科到办事员各个层级都有，他也有三个自己人（下属），这三个都是他带进部门的。部门原来的这些下属都是我（部门副职）培养和提拔起来的，他们都是我的人。我不被提拔他们也上不来，我升了后边也会跟着升；我为他们谋求职位晋升和福利待遇，因为我离不开他们的支持；同样，他们也离不开我的培养和提拔	C2-1 团队断裂方式、地位构成 C2-2 纵向统整、子团队类型 C2-3 高地位依赖低地位，低地位也依赖高地位

注：本表根据访谈内容整理分析而成

表 4-4　被研究对象 E1 的开放性初始编码示例

原始资料	开放式编码
	初始概念
我和部门副总的利益是一致的，他们三个都很忠诚于我，我也离不开他们的支持，下边的事情由他们具体帮管，我不太理会下边那些人。平时总是有人觊觎	E1-1 高地位成员互赖、团队断裂方式 E1-2 感知地位风险、防范地位风险

续表

原始资料	开放式编码
	初始概念
我们的东西（注：地位），我绝对不允许这样的事情在部门内部发生。我会让我的副总替我去打压其他人员……我一声令下他们就会狠狠地往下拍（地位打压）。我们国有单位，员工的工资待遇差距不是很大，只有上到部门副总这一级才开始拉开较大的差距。下边的人暗地里不服，特别是有几个资历较深、年纪较长的总是暗地里惦记着我们（的职位和待遇）。	E1-3 高地位实施地位封锁 E1-4 高地位维护地位利益 E1-5 高地位感知低地位挑战

注：表根据访谈内容整理分析而成

表 4-5　被研究对象 G1 的开放性初始编码示例

原始资料	开放式编码
	初始概念
每到我们该晋升或涨工资时，部门的那些老人（一个部长和两个处长）总是会找借口说谁谁谁工作不够努力，表现不够优秀，不给晋升，有时宁愿让职位空缺也不愿意给符合条件的员工往上递补。为什么待在这个部门大家的晋升周期都比别的部门慢，还不是因为那些人打压的结果……我们大家都想改变现状，所以必须要团结起来。只要我们人心齐，就有可能撼动他们	G1-1 高地位实施地位封锁具体表现 G1-2 低地位敌视高地位 G1-3 低地位谋求打破封锁 G1-4 低地位联合抵抗高地位封锁

注：本表根据访谈内容整理分析而成

表 4-6　被研究对象 H2 的开放性初始编码示例

原始资料	开放式编码
	初始概念
我们这些人员不是大老板的人就是二老板的。说实话，我自己是大老板的人。在公司内部职涯发展过程中"背靠大树好乘凉"。另外，领导也是需要下边支持的	H2-1 团队断裂方式 H2-2 自我归类子团队 H2-3 低地位依赖高地位 H2-4 高地位依赖低地位

注：本表根据访谈内容整理分析而成

4.3.2 聚焦编码

聚焦编码（Focused Coding）是编码的第二个主要阶段。在这一阶段的编码意味着使用最重要的且出现最频繁的初始代码，用大量的数据来筛选代码，聚焦编码要求判断哪些初始代码最能敏锐、充分地分析数据并提取出核心类属（Glaser & Strauss, 2009）。因而与上一阶段相比，这一阶段具有更强的选择性、概念性和指向性（Glaser, 1978; Glaser & Strauss, 2009）。为了确保足够的开放性，核心类属的提取是在开放性初始编码中"自然涌现"而不是人为设计的，要求具备"频繁重现性"和"关联重要性"的主要特征（Glaser & Strauss, 2009）。本着上述宗旨和原则，本研究将对开放式初始编码过程中所提取的代码进行甄别比较，从中提取出与地位竞争导致的团队断裂方式的内涵和特征有关的核心概念。经过对8个具有代表性的发生地位竞争导致的团队断裂带的团队进行理论抽样和数据分析，对开放式初始编码中呈现出的217个概念反复比较、甄别、合并和归类，本研究形成了比较稳定的两类地位竞争导致的团队断裂方式的内涵的核心类属和特征的核心类属，具体如表4-7和4-8所示，其中表4-7是关于A型和B型断裂方式内涵的结果，表4-8是关于A型和B型断裂方式影响因素的结果。

表4-7 关于A/B型断裂方式内涵的聚焦编码结果

核心类属	对初始代码的筛选与分类实例
A型断裂方式	B1-2 竞争地位；B1-3 感知外子团队地位竞争威胁；H2-4 增强地位实力；B1-4 保护领地；B1-3 扩大领地；A3-3 高地位高同质的成员互相排斥或敌视；C2-3 高地位异质成员互赖；A2-4 增加晋升机会；F3-3 加快晋升速度；C1-6 获得高地位更多支持；C4-3 获得低地位更多支持；C2-2 高地位依赖低地位；B1-5 低地位依赖高地位……

续表

核心类属	对初始代码的筛选与分类实例
B 型断裂方式	E1-2 防范外子团队地位风险；E1-4 高地位实施地位维护和封锁；G1-3 低地位实施地位挑战或冲破封锁；E1-1 地位同质成员高互赖；E3-5 地位异质成员高互斥；E2-4 高地位排斥低地位；G1-2 低地位敌视高地位；E2-6 高地位歧视低地位；B1-5 低地位歧视高地位……

注：本表根据访谈内容整理分析而成

表 4-8 关于 A/B 型断裂方式影响因素的聚焦编码结果

核心类属	子属	对初始代码的筛选与分类实例
高地位对低地位成员的依赖性	A 型断裂方式	C1-3 团队地位差稳定；C1-5 团队地位差大；D1-4 地位同质成员互竞；C2-3 高地位依赖低地位，低地位也依赖高地位；C1-6 高地位更多支持；C4-3 低地位更多支持；C2-2 高地位联合低地位；H2-3 低地位依赖高地位；H2-7 高地位依赖低地位……
	B 型断裂方式	E3-1 感知地位风险；E1-5 团队地位差不稳定；E2-2 团队地位差小；E3-4 高地位不依赖低地位；E1-1 高地位依赖高地位，低地位依赖低地位；E3-5 高低地位成员互斥；G1-3 同级或相近地位成员互助；G2-4 高地位歧视低地位……
高地位和低地位成员的地位利益同质性/异质性	A 型断裂方式	B1-3 感知外子团队地位竞争威胁；A1-3 提高地位竞争力；B1-3 扩大领地；A1-5 高地位和低地位的地位目标不发生重叠；C4-5 高地位和低地位的职业发展目标不发生重叠；F1-5 高地位和低地位的岗位目标不发生重叠；F1-6 高地位和低地位的职业发展阶段异质化；F3-4 地位资源稀缺……
	B 型断裂方式	E3-1 感知外子团队地位风险；E1-2 降低地位风险；E1-4 维护地位利益；B1-4 保护领地、防范地位风险；H1-5 高地位和低地位的地位目标高度重叠；E2-7 高地位和低地位的资源目标高度重叠；E1-8 地位资源稀缺……

注：本表根据访谈内容整理分析而成。

第4章 地位竞争导致的团队断裂质化研究

经过对上述两阶段编码后对抽取的代码作再一次的甄别、合并与分析,以及理论饱和度检验,最后经过分析整理备忘录,本研究得出地位竞争导致的团队断裂方式的内涵和影响因素如下:

命题1:地位竞争导致的团队断裂方式是指团队成员感知到的由与个体地位竞争相关的因素将团队划分成两个或两个以上的子团队。这种断裂方式存在两种类型:A型和B型。对于A型团队断裂方式,高地位成员追求向上获取更高层级的地位,由于高地位资源的稀缺性,使得相同地位层级的成员因为竞争相同地位资源而发生横向分化;而不同地位层级的成员由于不竞争相同的地位资源,可以相互利用、相互支持,因此形成纵向统整。因此,A型团队断裂方式表现为典型的横向分化纵向统整,A型子团队表现为典型的地位寻求取向。A型子团队内部的地位差较大,成员的地位结构类型多样,通常情况下高、中、低多种地位水平的成员都有可能包含在同一子团队中,不仅高地位依赖低地位,而且低地位也依赖高地位,高-低地位互赖。而对于B型团队断裂方式,由于高地位成员维护地位旨在避免现有地位资源被转移,因此相同地位层级的成员更容易在地位问题上达成群体认同并采取一致行动,结果导致团队纵向分化(高-低地位群体对抗)横向统整(地位同质群体趋向整合)。因此,B型团队断裂方式表现为典型的纵向分化横向统整,B型子团队表现为典型的地位维护取向。B型子团队内部成员的地位结构比较同质,地位差较小,子团队间的地位差较大,主要原因在于高低地位成员地位目标高度重叠,因而出现了相同或相近地位水平成员的横向统整,高地位群体成员为了更好地维护既得地位利益防范地位风险而联合对其他低地位群体成员实施地位封锁,而低地位群体成员为了防范风险打破封锁而横向统整构成低地位子团队。

子命题2:团队内部高地位成员对低地位成员的依赖程度以及地位

利益（目标）的同质程度决定了地位竞争导致的团队断裂方式。具体而言，团队内部高地位成员对低地位成员存在高互依性和高－低地位成员地位利益（目标）高异质性使得团队发生横向分化纵向统整，即称之为 A 型断裂；团队内部高地位成员间高互依性和对低地位成员存在低互依性，以及团队内部高－低地位成员地位利益（目标）高同质性使团队发生纵向分化横向统整，即称之为 B 型断裂。

为了更加清楚地呈现扎根理论分析所得出的构念模型，本书特绘制图 4-1 和图 4-2，其中图 4-1 是关于 A 型断裂方式的影响因素模型，图 4-2 是关于 B 型断裂方式的影响因素模型。

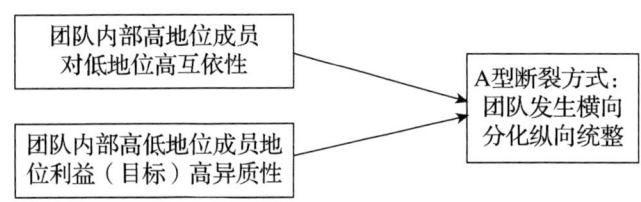

图 4-1　基于扎根分析的 A 型团队断裂方式的影响因素模型

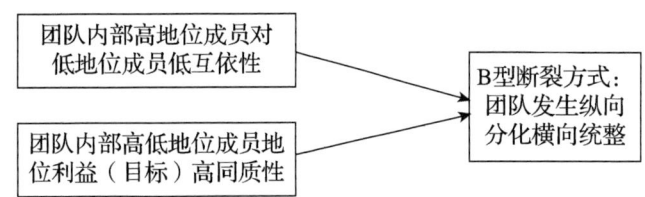

图 4-2　基于扎根分析的 B 型团队断裂方式的影响因素模型

4.3.3　研究结果理论解释及讨论

（1）地位竞争导致的团队断裂方式的内涵

根据扎根分析结果，本研究认为地位竞争导致的团队断裂方式是指由于团队内部高地位成员为了提高或维护自身的地位利益，从而选择与低地位联合或选择与自身地位水平相同或相近的成员联合，致使团队发生横向分化纵向整合或纵向分化横向整合的情况。地位竞争导致的团队断裂方式的内涵包含两个方面的内容：一方面，团队地位断裂的发生是与成员的地位利益（目标）密切相关的，是由于成员主观感知到的地位利益或风险引起的（基于扎根分析获得的代表性代码如 E1-2 高地位感知外子团队地位风险，E1-5 高地位感知低地位子团队的地位挑战；B1-3 感知领地风险；G1-2 低地位敌视高地位；G2-3 低地位感知高地位歧视和排斥；E1-5 团队地位差不稳定；D1-4 地位同质成员互竞……）。另一方面，地位竞争导致的团队断裂是由高地位成员主导，低地位居于从属地位。主要原因在于高地位成员希望通过利用自身的地位优势谋求更多的地位利益从而产生分化，而低地位成员为了实现地位提高或改变现状而不得不依赖高地位或者被动地选择同与自己处于同等境况的低地位成员进行统整（基于扎根分析获得的代表性代码如 H2-4 增强竞争力；B1-3 扩大领地；A2-4 增加晋升机会；F3-3 提高晋升速度；C1-6 获得高地位更多支持；C4-3 获得低地位更多支持；H2-3 低地位依赖高地位；H2-7 高地位依赖低地位；E3-5 高低地位成员互斥；G1-3 同级或相近地位成员互助；G1-3 低地位实施地位挑战、冲破地位封锁……）。

由于高地位选择联盟对象在地位方面的差别，导致存在两种不同的团队断裂方式：A 型和 B 型。A 型团队断裂方式具体表现为横向分化纵向统整。具体而言，在这种团队中存在两个或两个以上的子团队，每个子团队内部均存在两种及两种以上不同地位层级的成员的情况，在这种子团队中，高地位成员居于自身利益对低地位成员存在较高的依赖性，目的是通过联合低地位成员提高自身的竞争力，使自己在与其他高地位成员的竞争中处于有利地位，而低地位成员为了在与其他相同或相近地位水平的成员的竞争中胜出也需要借助高地位成员的力量获得地位渗漏实现其地位目标，从而选择与高地位成员统整与低地位成员分化（基于扎根分析获得的代表性代码如 A1-3 提高地位竞争力；B1-3 扩大领地；C1-6 获得高地位更多支持；C4-3 获得低地位更多支持；H2-3 低地位依赖高地位；H2-7 高地位依赖低地位……）。

B 型断裂方式具体表现为纵向分化横向统整。具体而言，团队中存在两个或两个以上的子团队，每个子团队内部成员的地位层级比较单一，例如团队中被地位竞争导致的断裂带无形地分割成高地位子团队和低地位子团队等情况。在团队中，高地位成员间基于防御地位风险的需要而互相依赖，目的是通过高地位成员间的联盟增强对低地位子团队成员实施地位封锁或"冻结"，规避低地位成员的地位挑战带来的地位风险；而低地位成员为了改变不利状况想要冲破高地位子团队的地位封锁，不得不选择与其他相同或相近地位水平成员统整，联合抵抗高地位子团队施加的地位风险，最终，整个团队被纵向分化横向统整成两个或两个以上的子团队，相同或相近地位水平成员高度互依，地位水平差异较大的子团队间互相排斥或敌视（基于扎根分析获得的代表性代码如 E1-2 降低地位风险；E1-4 维护地位利益；E3-5 高低地位成员互斥；G1-3 同级或相近地位成员互助；E1-2 高地位感知地位风险，E1-5 高地位感知低地位挑战；G2-3 低地位感知高地位歧视和排斥……）。

综上分析可知，地位竞争导致的团队断裂方式是对团队断裂带相关研究的进一步延伸和拓展（Carton & Cummings, 2012; Lau & Murnighan, 1998），是对基于资源的子团队的相关研究的发展和深化（Carton & Cummings, 2012; Finkelstein, 1992）。这种团队断裂方式是对其他已有的团队断裂类型的进一步发展和深化。具体而言，A 型和 B 型团队断裂方式均是由于团队成员在两种及以上的地位因素的异质性/同质性和相依性而导致团队发生分化统整（Lau & Murnighan, 1998），并自始至终是由团队中的高地位成员所主导（Magee & Smith, 2013），从而将团队断裂带相关研究动态化，并从成员的主观因素进行探讨，而以往研究主要是静态化和客观化。例如，以往研究所探讨的团队断裂带主要是由于团队成员在人口统计学方面的属性特征的多样性导致的（Li & Hambrick，2005；Mäs, Flache, Takács & Jehn，2013），是基于客观因素的静态化探讨。本研究也是对 Ren 等（2015）学者呼吁探讨主观因素导致的团队断裂带的研究，以及 Carton 和 Cummings（2013）和 Cronin 等（2011）等学者大力号召积极探讨子团队的结构特征和心理特征的积极响应，是对 Gratton 等（2011）所鼓励的对深层团队断裂带的产生及其影响的积极探讨。

（2）地位竞争导致的团队断裂方式的影响因素模型

团队内部高地位成员对高/低地位成员的依赖程度是造成团队断裂的重要因素之一。基于扎根理论研究发现，在地位竞争过程中，当团队内部高地位成员对低地位成员存在较高的依赖性时，高地位群体会出现分化，高地位成员会倾向于选择和低地位成员联合组成子团队提高竞争力（基于扎根分析获得的代表性代码如 C4-3 获得低地位更多支持；H2-4 增强地位实力；H2-7 高地位需要支持者……）；反之，当团队内部高地位成员对低地位存在较低的依赖性时，高地位成员会倾向于选择和其他高地位成员统整形成子团队防范地位风险（基于扎根分析获得的代表性代码如 E1-1 高地位依赖高地位；E1-4 高地位实施地位维护和封锁；E2-4 高地位联合排斥低地位……）。本研究还发现团队内部高地位成员与低地位成员在地位利益（目标）方面的差异程度（重叠度）是造成团队断裂的另一个主要因素。基于扎根理论的研究发现，当团队内部高地位成员与低地位成员地位利益存在高同质化/重叠的情况下，高地位子团队为了维护地位利益而集体排斥低地位子团队，他们会对低地位子团队实施地位封锁，从而使得团队出现纵向分化横向统整（基于扎根分析获得的代表性代码如 E2-4 高地位排斥低地位；E2-7 高地位和低地位的资源目标高度重叠；E1-5 团队地位差不稳定……）；反之，当团队内部高地位成员与高地位成员间高同质性，而与低地位成员地位利益存在高差异化/异质性的情况下，高地位群体内部出现分化，高地位成员为了提高竞争力而主动与低地位成员进行纵向统整，从而使得团队出现横向分化纵向统整（基于扎根分析获得的代表性代码如 C4-3 获得低地位更多支持；A3-3 高地位高同质的成员互相排斥或敌视；H2-4 增强地位实力……）。

本研究结论不仅与以往关于地位的非对称性依赖（Fiske, 1993; Magee & Smith, 2013）的观点一致，并且是对以往研究认为高地位个体对低地位产生较少的依赖而低地位个体会对高地位产生高度的依赖（Emerson, 1962; Fiske & Berdahl, 2007）的观点的发展和延伸。本研究结论表明，在团队内部高地位成员与低地位成员的依赖程度关键取决于高地位成员的地位目标实现的需要，这一发现是对以往研究认为的低地位成员一贯高度依赖高地位成员而高地位成员对低地位成员低依赖的观点的进一步发展和深化。本研究发现高地位成员也会高依赖低地位，关键要取决于高地位成员是否需要依赖低地位成员实现其地位目标。在团队发生地位分化统整过程中，高地位群体成员居于主导地位，团队断裂方式主要取决于高地位群体成员的目标需要（Magee & Smith, 2013），研究结论也与高地位是高度自我服务和目标激活（Bargh et al., 1995; Chen, Lee-Chai & Bargh, 2001）的观点一致。此外，依据权力控制模型（power-as-control）的观点，由于高地位成员在团队中居于支配地位（Fiske, 1993），因此，在探讨地位竞争导致的团队断裂方式带来的后果和影响时，应该将研究的重点放在那些会导致团队中的高地位成员的心理和行为发生变化等方面的因素上。

基于上述分析可知，地位竞争导致的团队断裂方式是由高地位群体成员主观因素引起的，在这样的断裂方式下，团队的所有成员都能清楚感知到哪些成员属于自己的子团队，那些成员不属于自己的子团队，由于存在外子团队地位竞争威胁或地位风险，所以他们很难将外子团队成员视为同一团队。因而本研究的结论与 Carton 和 Cummings（2012）认为的对于那些不属于自己子团队的成员很难将他们视为同一个团队的观点给予理论支持。依据自我分类理论的观点可以推断（Turner et al.,

1987），团队成员会依据自身的地位利益或目标而决定将自己归入不同的子团队。由于高地位资源具有高稀缺性和高价值性的特征（Pearce，2011），得到这一地位资源的人会极力维护它，Sidanius 和 Pratto（1999）和 Metiu（2006）研究发现高地位群体对低地位群体实施"群体压制"和"地位封锁"的结论就是源于这一动机。另外，地位具有"阶层性"（Hierarchy），高地位群体内部同样具有阶层性（Nierman，2007），于是寻求更高的地位也就成了一部分人的主导动机。Polzer 和 Elfenbein（2011）发现的"地位明星"之间的地位争夺就是源于这一动机。上述研究发现为团队内部高地位成员对低地位成员的依赖程度和团队内部高地位成员与低地位成员在地位利益方面的同质性/异质性联合作用导致产生两种不同类型的地位竞争导致的团队断裂方式的结论提供充分的证据支持。

4.4 地位竞争导致的团队断裂与团队创造力理论模型构建

4.4.1 理论抽样

这一节的内容主要是基于上节地位竞争导致的团队断裂方式构念的基础上进行扎根理论分析构建理论模型。从表 3-1 中的 30 名代表中随机抽取 23 位（A1、A2、A3、B1、B2、B3、C1、C2、C3、D1、D2、E1、E2、E3、E4、F1、G1、G3、H2、I、J、L、M）作为模型建构使用，其余 7 名作为模型理论饱和度检验使用。

4.4.2 编码分析

对于建构理论模型，扎根理论编码过程应包括三个阶段：开放性编码（Open Coding）、主轴编码（Axial Coding）和选择性编码（Selective Coding）（Glaser & Strauss，2009）。

(1) 开放性编码

本研究通过扎根理论分析探讨地位竞争导致的团队断裂方式与团队创造力之间的作用机制研究。经过对搜集到的文本数据分析和整理，对 14 个团队 30 名被研究对象进行编码，其中随机抽取 23 位用于建立理论模型，剩余 7 名用于理论饱和度检验。开放性编码顺序与上节同，即由被访谈对象和回答句序构成，比如 A1-6 即为访谈对象 A1 回答内容的第 6 句。经过对开放性编码进行认真细致和多人次的复听、甄别和"辨假"，最终依据研究主题进行删减后，研究者得到 20 个与研究主题密切相关的高频出现的共计 634 条初始代码，具体内容见表 4-9。另外，为了更好地呈现初始编码的原始数据信息，本研究通过表 4-10 举例出现部分开放性编码的代表性编码情况。

表 4-9　开放性编码范畴和初始编码

编号	主范畴	初始编码
1	A 型断裂方式	A1-21, A1-22, A1-23, A2-18, A2-19, A3-13, B1-22, B1-24, B1-25, B2-15, B3-18, B3-19, C1-8, C1-9, C1-10, C1-11, C1-12, C2-12, C2-13, F1-438, F1-439, F1-440, I-25, I-27, L-18, L-19, L-20, L-21, E1-122, E1-123
2	B 型断裂方式	C1-233, C1-234, C1-235, D1-9, D1-10, D1-11, D2-8, D2-9, E1-15, E1-17, E1-18, E1-19, E2-13, E2-14, F1-21, F1-22, F1-23, F1-24, G1-25, G1-26, H2-11, H2-14, H2-15, J-14, J-15, J-16, M-16, M-17, I-102, I-103
3	低地位取代高地位的可能性	A1-43, A1-44, B1-35, B1-36, C1-30, C1-31, C1-32, C1-221, C2-28, C2-29, D1-41, D1-42, E1-27, E1-29, E1-30, E1-31, F1-54, F1-55, F1-56, F1-57, H2-33, J-34, J-35, J-36, J-37, J-38, L-41, L-42, L-43, M-70, M-71

续表

编号	主范畴	初始编码
4	团队成员地位获致性	A1-47, A1-49, B1-40, C1-33, D1-43, D1-46, E3-25, E3-26, E3-27, F1-49, F1-50, F1-51, H2-35, I-40, I-41, I-42, I-43, M-63, M-64, M-65
5	团队成员地位差的稳定性	A1-50, A1-52, B1-44, C1-34, C1-35, C1-36, C2-47, C2-48, C2-49, C2-50, C2-52, D1-45, D1-48, E1-34, E1-35, E1-37, F1-45, F1-46, F1-47, F1-48, I-44, I-45, I-46, L-37, L-38, L-39, L-40
6	内子团队共谋发展	A1-37, A1-38, B3-27, B3-28, B3-29, C1-45, C1-46, C1-47, C1-48, C1-49, C1-50, D1-29, D1-30, D1-31, D2-19, D2-20, E3-21, E3-22, F1-30, F1-31, F1-32, F1-33, F1-34, F1-35, G3-30, G3-31, J-19, J-20, J-21
7	内子团队和外子团队间友谊	B1-53, B1-54, B1-55, B1-56, C1-63, C1-64, C1-65, C2-17, C2-18, C2-19, C2-20, D2-30, E1-26, E1-27, E1-28, E2-37, E2-38, E1-55, E1-56, E2-33, E2-34, E2-35, F1-65, G1-28, G1-29, G1-30, G3-30, G3-31, J-25, J-26, J-27, M-26, M-27, M-28, M-27, M-30, J-30, J-31, J-32
8	内子团队和外子团队间信任	A1-30, A1-31, A1-32, B1-57, B1-58, B1-61, B1-62, C2-41, C2-43, C2-44, C2-45, D2-26, E1-44, E1-45, E1-46, E1-47, E1-48, E1-49, E3-31, E3-32, E3-33, E4-24, E4-26, F1-38, F1-39, F1-40, G1-33, G1-34, G3-23, G3-24, G3-25, I-36, I-37, I-38, M-35, M-26, M-37
9	内子团队和外子团队间态度	A1-61, A1-62, C1-71, C1-72, C1-73, C2-29, C2-30, C2-31, D2-33, E1-60, E1-62, E1-64, E4-36, E4-37, E4-38, F1-66, F1-67, F1-68, F1-69, G1-35, G1-36, G1-39, G1-40, G1-41, I-33, I-34, I-35

续表

编号	主范畴	初始编码
10	内子团队态度和信任	A1-64, B1-66, B1-67, C2-25, C3-24, C3-25, D2-22, D2-23, E1-52, E1-53, E1-54, C1-75, C1-76, C1-77, C1-78, D2-28, E2-22, E2-23, E2-24, E2-25, L-25, L-26, L-27, L-28, L-29, L-30
11	内子团队和外子团队共同完成任务	A1-70, A1-71, B1-48, B1-49, C1-40, C1-41, C1-42, C2-22, C2-23, C2-24, C1-80, C1-81, C1-82, C1-83, D2-31, I-29, I-30, I-31, G1-37, G3-15, G3-16, G3-17
12	团队目标高度统一和明确	A1-81, A1-82, A2-53, B1-82, B1-83, B1-84, B1-85, B2-48, B2-49, B3-62, B3-63, C1-185, C1-186, C1-188, C2-81, C2-85, C3-73, C3-74, D1-79, D1-80, E1-101, E1-102, E2-69, E2-70, E3-58, E3-59, E4-41, E4-42, G1-57, G1-58, I-75, I-76, J-80, J-81, J-82
13	团队成员高度认可团队目标	A1-84, A1-85, A2-55, A2-56, A2-57, A3-27, A3-28, A3-29, B1-89, B3-66, C1-190, C2-87, C2-88, C3-77, C3-78, D1-75, D1-76, E1-105, E1-106, E2-76, E2-77, E3-55, E3-56, F1-177, F1-178, G1-60, J-85, J-86, L-77, L-78, M-97, M-98
14	团队目标可达成	A1-87, A1-88, A2-58, B1-86, B1-87, B1-88, B2-50, B2-51, C1-192, C3-75, E1-107, E1-108, E4-46, E4-47, F1-180, I-79, I-80, I-81, L-71, L-72
15	团队目标共赢	A2-51, A2-52, B1-90, B2-52, B3-60, B3-61, C1-193, C2-90, D1-82, E2-75, G1-55, J-89
16	内子团队积极提出和分享新创意	A1-55, A1-56, A2-31, A2-32, A3-33, A3-34, A3-35, B1-71, B1-72, B1-74, B2-34, B2-35, B2-36, B3-52, B3-53, B3-54, B3-55, C1-159, C1-160, C1-161, C1-162, C1-163, C2-63, C2-64, C2-65, C3-62, D1-50, D1-51, D1-52, D2-36, D2-37, E1-83, E1-85, E1-86, E2-60, E2-61, E2-62, F1-158, F1-

续表

编号	主范畴	初始编码
		159, F1-160, G1-63, G1-64, G1-65, G3-41, G4-42, G3-44, I-61, I-62, J-61, J-62, J-63, L-65, M-88
17	内子团队积极推展新创意	A1-58, A1-59, A2-39, A2-40, A2-41, B1-73, B1-75, B3-47, B3-47, B3-49, B3-50, C1-170. C1-171, C3-63, C3-64, E1-90, E1-91, E1-92, G3-50, I-70, J-70, J-71, J-72
18	内子团队与外子团队互相封锁新创意	A1-75, A1-76, A1-77, A3-30, A3-31, B1-78, B1-79, B1-81, B2-40, B2-42, C1-129, C1-130, C1-131, C2-73, C2-74, C3-53, C3-54, C3-55, D1-63, D1-64, D2-46, D2-47, E1-73, E1-74, E1-75, E1-76, E1-77, E2-55, E2-56, E2-57, E2-58, E3-45, E3-46, E4-40, F1-151, F1-152, G1-48, G1-49, G1-50, G3-29, G3-30, H2-19, H2-20, I-57, I-58, J-46, J-47, J-48, L-60, L-61, M-83, M-84, M-85, M-86
19	内子团队与外子团队互相抵制新创意的推展	A2-45, A2-46, A3-24, A3-25, A3-26, B1-76, B1-77, B3-41, B3-42, B3-43, B3-45, C1-152, C1-153, C1-154, C1-155, C2-68, C2-69, C2-70, C3-60, C3-61, D1-66, D1-67, D2-41, D2-42, D2-43, D2-44, E1-79, E1-80, E1-81, E2-65, E2-66, E2-67, E3-49, E4-41, G3-33, G3-34, G3-35, H2-24, I-54, I-55, I-56, J-50, J-51, J-52, J-53, J-54, L-55, L-57, L-58
20	内子团队与外子团队合作产生新创意	A1-90, A2-62, A2-63, B1-95, B1-96, B1-97, B2-55, B2-56, B3-71, B3-72, C1-203, C1-205, C2-101, C2-102, C3-91. C3-92, C3-93, D1-88, D1-101, E1-111, E1-112, E2-81, E2-82, E4-50, F1-211, F1-212, G1-73, G1-74, G1-75, I-89, I-92, J-112, J-113, J-114, L-85, L-88, M-115, M-116

表 4-10 开放性编码代表性编码举例

编号	主范畴	原始表达举例
1	A 型断裂方式	他是空降来做一把手,堵住我的晋级之路……因此,在我们团队中,我和他都有自己的一拨人马,部门的旧人支持我更多,刚招进来的新人支持他多一些。……我这边略占上风些!
2	B 型断裂方式	部门两个副职都是我挑选任用的,对我非常忠心,他们听从我的指挥,帮我管理打压部门其他成员……越是不服我们的打压得就越狠些(不屑的样子)。
3	低地位取代高地位的可能性	在团队中我至今培养了七八个下属,只要他们能力够,我就会把他们推荐竞聘到其他部门……在部门中就算他们能力再强也无法取代我的位置。 经常有人觊觎我的位置……所以我不得不强势些。
4	团队成员地位获致性	在我们部门,你就是干得再好也很难获得提拔……不太看重个人的能力或贡献。 对于下属,我特别看重他们的贡献和能力,贡献大管理能力突出者提拔的机会肯定要比其他人多得多(笑)。
5	团队成员地位差的稳定性	我不会让那些特别有能力的人威胁到我……对于这些人,我会想办法把他们尽快处理掉,如把他们下放到子公司或其他部门……维护现有的稳定局面。 是我培养了他们,公司领导会看到我的贡献,提拔他们的同时也会兼顾好我的利益,他们取代不了我的(笑)。
6	内子团队共谋发展	既然是我的人,称我为大哥,那你就要维护我们大家的利益,处处为我们这边着想,您说对吧!……这也是我对他们的基本要求。 他们是定了位的人,是贴了标签的人,他们就是我的人,他们肯定要认可我们的那一套做法。实际上,他们平日里也是这么做的。 每个成员都会维护自己子团队的利益,遵从子团队的价值观和行事风格。

续表

编号	主范畴	原始表达举例
7	内子团队和外子团队间友谊	我要是和另一帮人走得比较近那绝对会对自己影响不好，我们这边的人会不理我的，会遭到冷落和批评……除非工作需要，否则我们一般都不会和另一拨人有过多交集。 我们这边相关的常规培训还是挺多的，他们要来听是可以的，不过，他们的人来得很少。
8	内子团队和外子团队间信任	我们两边表面上是一团和气，不过，背地里谁都不爱搭理谁，谁都不信任谁。 我们挺讨厌他们的，他们年轻能力又强，上升势头又好，这哪里是来帮我们，这明摆着来抢我们的饭碗嘛（愤怒）…… 我们这边人数多些，并且我们的贡献远远超过他们，领导特别重视我们这边，这让他们很抓狂、很嫉妒
9	内子团队和外子团队间态度	这几组人马都从自身的利益出发，很少兼顾其他小组的利益……整个团队还是比较散的。 他们根本不会重视我们，那我们组为什么要对他们好呢？
10	内子团队态度和信任	我们这个圈子还是非常团结的，我们都紧紧团结在"大哥"的周围…… 目前，我们三人的处境不太理想，在夹缝中生存，平时肯定会更加亲密、更加团结，不团结那就坐等人家欺负了。 在我这个小圈子内部，大家做什么事情都会为这个小团体考虑。
11	内子团队和外子团队共同完成任务	我们目前组织分配的工作任务完成还可以，两边都还算配合。 对方排斥我们很厉害的，很多任务我们这边都没有机会插手，让我们都觉得自己根本不属于这个团队的……。
12	团队目标高度统一和明确	我们团队的目标就是力争拿到公司的年度销售冠军。 我们是创业型新能源公司，从新公司成立开始至今一直朝着登陆创业板目标奋斗。 通过制定两年期部门发展目标激励大家，向大家描绘两年后部门及每个人的发展情况。

续表

编号	主范畴	原始表达举例
13	团队成员高度认可团队目标	团队内部上下都非常认同争冠目标的,因为我们有这个实力。 公司发展态势很好,并且吸收了两次风投……大家认可两年左右时间登陆创业板这个目标。 我们部门的发展目标紧密结合部门和员工的需要,部门发展的同时员工也会拥有更好的职业前景,所以大家非常拥护和支持。
14	团队目标可达成	我们部门人员综合素质非常高,通过两三年的发展,我们部门绝对能在公司中占据更重要的地位。 公司在业内排名前列,成功上市的可能性非常高,只是早晚的事。
15	团队目标共赢	如果公司将来成功登陆创业板,大家的身家将会是什么概念啊……尤其是对于那些核心骨干和老员工而言。 我们的目标就是要让每个人都看到将来的职业发展前景,我给他们每个下属都有具体的规划,每个人都能从中获益,他们追随我不就是为了获得更好的职业发展嘛,你说是不是?
16	内子团队积极提出和分享新创意	在我的小团队中成员之间交流很多、很积极,员工就是在工作中不断交流、探讨和试错中进步。 为了让销售业绩赛过另一个小团队,我们几个成员千方百计想出各种促销的好点子。
17	内子团队积极推展新创意	我们建有微信群,有什么好信息、好想法都和大家分享交流……当然了,这个群的成员都是我们这个子团队的。 我们私底下分享点子创意机会很多的……要提升我们子团队的竞争力。
18	内子团队与外子团队互相封锁新创意	最终导致的结果是两个子团队之间各自只做角色内的东西,如果跟我无关或者不在我的范围、不需要我管的,即使我发现了问题,或者有更好的方法和意见也会袖手旁观,我也不会轻易告诉你的,就是这样的情况。 我个人的点拨或核心东西肯定是不一定每个人都点拨到位的,那肯定是针对我的人嘛,不是我的人肯定没有这样的机会。

续表

编号	主范畴	原始表达举例
19	内子团队与外子团队互相抵制新创意的推展	他们的那些想法和意见我们不稀罕,更不希望在我们这边推行,他们的东西推行越多对我们越没有好处,把我们打压得越狠。 我们经常会对对方提出的促销方案持反对意见,同样,他们也会坚决反对我们提交的方案……争执不下,最终由老总拍板。
20	内子团队与外子团队合作产生新创意	领导下达死命令一定要团队内部解决问题,如果不能妥善解决对双方都不好,那大家只好一起想办法出点子。 在双方都有利可图的情况下,我们还是会坐下来一起交流探讨解决工作流程改进的办法或意见。

为便于更好理解表4-9中各主范畴与初始编码之间的关系,研究者依据各主范畴包含的具体内容和实际情况对各主范畴进行概念界定。具体以低地位取代高地位的可能性、内子团队和外子团队间友谊、内子团队和外子团队间态度、内子团队和外子团队共同完成任务、团队成员高度认可团队目标和内子团队与外子团队互相封锁新创意等6个主范畴为例,其中主范畴"低地位取代高地位的可能性"是影响团队成员地位稳定性的主要衡量指标之一。它是指团队内部成员在组织正式地位制度赋予的地位层级发生改变的可能性或程度。有部分受访者认为在自己的团队或组织中地位层级比较稳定,但也有部分存在弹性较大的情况,情况不同导致的结果存在较大差别。"内子团队和外子团队间友谊"是社会距离的主要指标之一,是指团队中内子团队和外子团队及其成员间在工作中以及工作之余的社会交往和情谊。"内子团队与外子团队间态度"是社会距离的主要指标之一,主要包括合作、敌意、报复、猜疑、疏远、优越感、自卑、接近、抑制、排斥、吸引、屈从、顺从、歧视、刻板印象和回避等。"内子团队和外子团队共同完成任务"是指在团队内部,内子团队和外子团队对于团队工作任务开展的主动参与程度和协同完成的程度,主动参与程度和共同完成程度越高社会距离越小,反之,社会

距离越大。"团队成员高度认可团队目标"是共享目标的衡量指标之一。团队成员越是对团队目标高度认同,越容易形成高的团队共享目标,反之,则越不容易形成高的共享目标。"内子团队和外子团队互相封锁新创意"是指子团队间的成员不会积极提出和分享创意,即使他们掌握其他子团队急需的知识、信息或创意也会保持沉默或给予否认,以便于削弱其他子团队的地位竞争力。本研究在初始编码过程中得到的20个反复高频出现的主范畴的对应概念具体如表4-11所示。另外,本研究还将所有次范畴及其编码归并为所属的主范畴,具体信息见表4-12。

表4-11 开放性编码范畴

编号	主范畴	概念
1	A型断裂方式	团队中由于高地位成员争夺地位资源而出现高-低地位横向分化纵向统整的情况,无形的地位竞争导致的断裂带将团队分割成两个及两个以上的子团队,每个子团队内部都存在多种地位水平的成员。由于高低地位成员的地位目标高度异质,因而存在统整的较大可能性。
2	B型断裂方式	团队中由于高地位成员维护现有地位资源而出现高-低地位纵向分化横向统整的情况,无形地位竞争导致的断裂带将团队分割成两个及两个以上的子团队,每个子团队都是由较为单一地位水平的成员构成。由于高低地位成员的地位目标高度同质或重叠,因此,高低地位成员存在统整的可能性极小。
3	低地位取代高地位的可能性	影响团队成员地位稳定性的主要衡量指标之一。它是指团队内部成员在组织正式地位制度赋予的地位层级发生改变的可能性或程度。有部分受访者认为在自己的团队或组织中地位层级比较稳定,但也有部分存在弹性较大的情况,情况不同导致的结果存在较大差别。
4	团队成员地位获致性	是指在团队中不同地位水平的成员是否可以通过自身的努力获得地位提高的情况。例如通过提高自己对团队的贡献,提高自身的影响力或与工作相关方面的能力等,高的地位获致性使低地位成员获得更多提高地位的机会,同时也使得高

续表

编号	主范畴	概念
		地位成员面临一定的外部竞争压力,有利于鼓励大家通过良性竞争提高团队绩效产出和效能。
5	高低地位成员地位差的稳定性	是指团队内部高-低地位成员之间的地位差的稳定程度,高的地位差稳定的情况下,高-低地位成员的地位层级差别难以发生变化,即使发生变化也会协同发生变化,例如,如果其中一方提升,另一方也会获得相应的地位提升,使得高地位和低地位成员之间的地位差维持在一个相对稳定的水平,而低地位差稳定性的影响正好相反,低地位取代高地位存在较高的可能性,既能鼓励低地位也能够给予高地位一定的压力。
6	内子团队共谋发展	社会距离的主要指标之一。指子团队内部成员会为了共同的利益或目标而团结起来共谋发展力争早日实现目标共赢。
7	内子团队和外子团队间友谊	社会距离的主要指标之一。指内子团队和外子团队间及其成员在工作中或工作之余发生的社会交往,例如出席参加团队组织的聚餐、集体活动等,以及在周末或非工作日的成员间的私人交往和互动情况,交往越多成员越亲密,子团队间的社会距离越小。
8	内子团队和外子团队间信任	社会距离的主要指标之一。由于团队断裂成两个及以上的子团队,内子团队和外子团队间的互相信任和理解程度会有所降低,社会距离与非断裂团队相比往往会更大。
9	内子团队和外子团队间态度	社会距离的主要指标之一。指内子团队和外子团队间的态度,主要包括合作、敌意、报复、疏远、优越感、自卑、接近、抑制、排斥、吸引、屈从、顺从、歧视、刻板印象和回避等。
10	内子团队态度和信任	社会距离的主要指标之一。指内子团队成员间的信任和理解程度。相比而言,子团队内部信任往往要好于内子团队对外子团队的信任。
11	内子团队和外子团队共同完成任务	社会距离的主要指标之一。指团队工作任务开展过程中各子团队间的表现。由于团队分化成不同的子团队,不同子团队成员很难将其他子团队的成员视为同一个团队的,因此,

续表

编号	主范畴	概念
		通常情况下各子团队的参与程度会有所降低,甚至出现"各扫门前雪"的情况,社会距离因为断裂而扩大。
12	团队目标高度统一和明确	共享目标的衡量指标之一。团队目标越是高度统一和明确,各子团队间的成员越是容易达成对团目标的认同,反之亦反。
13	团队成员高度认可团队目标	共享目标的衡量指标之一。团队成员越是对团队目标高度认同,越容易形成高的团队共享目标,反之亦反。
14	团队目标可达成	共享目标的衡量指标之一。如果团队目标通过各子团队间成员的努力和合作能够比较顺利地达成,团队实现共享目标的可能性越高,反之亦反。
15	团队目标可实现共赢	共享目标的衡量指标之一。各子团队之所以会达成对团队目标的共享,关键在于能够实现各子团队成员不同的地位目标,各方都能够从中收获较大的利益。
16	内子团队积极提出和分享新创意	指子团队内部成员会更加积极地表达、交流和探讨新想法新创意,以便于提高子团队的地位竞争力。
17	内子团队积极推展新创意	子团队内部成员会互相介绍或推荐新方法新创意,以便于提高子团队的竞争力。
18	内子团队与外子团队互相封锁新创意	子团队间的成员不会积极提出和分享创意,即使掌握其他子团队急需的知识、信息或创意也会保持沉默或给予否认,以便于削弱其他子团队的地位竞争力。
19	内子团队与外子团队互相抵制新创意的推展	子团队间会互相抵制来自对方发现或推荐的新方法新创意,以便于降低对方的影响力,削弱其地位竞争力。
20	内子团队与外子团队合作产生新创意	这种情况在断裂的团队中通常比较少。只有在双方都有利可图或者领导勒令要求的情况下才会出现合作产生新想法新创意的较大可能性。具体是指各子团队成员互相合作产生改进工作的新方法、新流程和新工艺等,或者交流和探讨这些新创意等。

表 4-12　主要概念类属及概念类型

编号	主范畴	次范畴
1	地位稳定性	低地位取代高地位的可能性（A1-43，A1-44，B1-35，B1-36，C1-30，C1-31…）、团队成员地位获致性（A1-43，A1-44，B1-35，B1-36，C1-30，C1-31…）、高低地位成员地位差的稳定性（A1-50，A1-52，B1-44，C1-34，C1-35，C1-36…）
2	社会距离	内子团队共谋发展（A1-37，A1-38，B3-27，B3-28，B3-29，C1-45，C1-46…）、内子团队和外子团队间友谊（B1-53，B1-54，B1-55，B1-56，C1-63，C1-64，C1-65…）、内子团队和外子团队间信任（A1-30，A1-31，A1-32，B1-57，B1-58，B1-61…）、内子团队和外子团队间态度（A1-61，A1-62，C1-71，C1-72，C1-73，C2-29…）、内子团队态度和信任（A1-64，B1-66，B1-67，C1-75，C1-76，C1-77…）、内子团队和外子团队共同完成任务（A1-70，A1-71，B1-48…）
3	团队共享目标	团队目标高度统一和明确（A1-81，A1-82，A2-53，B1-82，B1-83，B1-84…）、团队成员高度认可团队目标（A1-84，A1-85，A2-55，A2-56，A2-57，A3-27…）、团队目标可达成（A1-87，A1-88，A2-58，B1-86，B1-87，B1-88…）、团队目标可实现共赢（A2-51，A2-52，B1-90，B2-52，B3-60…）
4	A 型断裂对团队创造力的影响	内子团队和外子团队互相封锁新创意（A1-75，A1-76，A1-77，A3-30，A3-31，B1-78…）、内子团队和外子团队互相抵制新创意的推展（A2-45，A2-46，A3-24，A3-25，A3-26，B1-76，B1-77…）、内子团队积极提出和分享新创意（A1-55，A1-56，A2-31，A2-32，A3-33，A3-34，A3-35…）、内子团队积极推展新创意（A1-58，A1-59，A2-39，A2-40，A2-41，B1-73，B1-75…）、子内子团队和外子团队合作产生新创意（A1-90，A2-62，A2-63，B1-95，B1-96，B1-97…）、内子团队提出和分享新创意（A1-55，A1-56，A2-31，A2-32，A3-33，A3-34，A3-

续表

编号	主范畴	次范畴
		35…)、内子团队积极推展新创意（A1-58，A1-59，A2-39，A2-40，A2-41，B1-73，B1-75…)、内子团队和外子团队合作产生新创意（A1-90，A2-62，A2-63，B1-95，B1-96，B1-97…）
5	B型断裂对团队创造力的影响	内子团队和外子团队互相封锁新创意（A1-75，A1-76，A1-77，A3-30，A3-31，B1-78…)、内子团队和外子团队互相抵制新创意的推展（A2-45，A2-46，A3-24，A3-25，A3-26，B1-76，B1-77…)、内子团队积极提出和分享新创意（A1-55，A1-56，A2-31，A2-32，A3-33，A3-34，A3-35…)、内子团队积极推展新创意（A1-58，A1-59，A2-39，A2-40，A2-41，B1-73，B1-75…)、子内子团队和外子团队合作产生新创意（A1-90，A2-62，A2-63，B1-95，B1-96，B1-97…)、内子团队提出和分享新创意（A1-55，A1-56，A2-31，A2-32，A3-33，A3-34，A3-35…)、内子团队积极推展新创意（A1-58，A1-59，A2-39，A2-40，A2-41，B1-73，B1-75…)、内子团队和外子团队合作产生新创意（A1-90，A2-62，A2-63，B1-95，B1-96，B1-97…）
6	A型断裂对社会距离的影响	内子团队和外子团队间友谊（B1-53，B1-54，B1-55，B1-56，C1-63，C1-64，C1-65…)、内子团队和外子团队间信任（A1-30，A1-31，A1-32，B1-57，B1-58，B1-61…)、内子团队和外子团队间态度（A1-61，A1-62，C1-71，C1-72，C1-73，C2-29…)、内子团队态度和信任（A1-64，B1-66，B1-67，C1-75，C1-76，C1-77…)、内子团队和外子团队共同完成任务（A1-70，A1-71，B1-48…)、内子团队共谋发展（A1-37，A1-38，B3-27，B3-28，B3-29，C1-45，C1-46…）
7	B型断裂对社会距离的影响	内子团队和外子团队间友谊（B1-53，B1-54，B1-55，B1-56，C1-63，C1-64，C1-65…)、内子团队和外子团队间信任（A1-30，A1-31，A1-32，B1-57，B1-58，B1-61…)、内子团队和外子团队间态度（A1-61，A1-62，C1-71，C1-72，C1-73，C2-29…)、内子团队态度和信任（A1

续表

编号	主范畴	次范畴
		-64，B1-66，B1-67，C1-75，C1-76，C1-77…)、内子团队和外子团队共同完成任务（A1-70，A1-71，B1-48…）、内子团队共谋发展（A1-37，A1-38，B3-27，B3-28，B3-29，C1-45，C1-46…）
8	A型×地位稳定性对团队创造力的积极影响	内子团队积极提出和分享新创意（A1-55，A1-56，A2-31，A2-32，A3-33，A3-34，A3-35…）、内子团队积极推展新创意（A1-58，A1-59，A2-39，A2-40，A2-41，B1-73，B1-75…）、内子团队和外子团队合作产生新创意（A1-90，A2-62，A2-63，B1-95，B1-96，B1-97…）
9	A型×地位稳定性对团队创造力的消极影响	内子团队和外子团队互相封锁新创意（A1-75，A1-76，A1-77，A3-30，A3-31，B1-78…）、内子团队和外子团队互相抵制新创意的推展（A2-45，A2-46，A3-24，A3-25，A3-26，B1-76，B1-77…）
10	B型×地位稳定性对团队创造力的积极影响	内子团队积极提出和分享新创意（A1-55，A1-56，A2-31，A2-32，A3-33，A3-34，A3-35…）、内子团队积极推展新创意（A1-58，A1-59，A2-39，A2-40，A2-41，B1-73，B1-75…）、内子团队和外子团队合作产生新创意（A1-90，A2-62，A2-63，B1-95，B1-96，B1-97…）
11	B型×地位稳定性对团队创造力的消极影响	内子团队和外子团队互相封锁新创意（A1-75，A1-76，A1-77，A3-30，A3-31，B1-78…）、内子团队和外子团队互相抵制新创意的推展（A2-45，A2-46，A3-24，A3-25，A3-26，B1-76，B1-77…）

（2）主轴编码

主轴编码是指围绕某一焦点范畴的主轴，在属性和维度层面使范畴间建立联系（Corbin & Strauss，1990）。主轴编码的目的是对开放编码阶段产生的范畴重新进行概念化排序和组合，以便获得对现象更加精确和完整的诠释（Corbin & Strauss，1990；卡麦兹，2009）。由于范畴的属性和维度是主轴编码的基础，因而本研究首先界定了开放性编码阶段所得到的范畴的属性和维度，为后续逻辑关系梳理做准备，具体见表4-13。

表4-13 范畴的属性和维度

范畴	属性	维度
团队断裂方式	A型/B型团队断裂	A或B
团队断裂方式×地位稳定性	A型×地位稳定性 B型×地位稳定性	低→高 低→高
社会距离	大小差异程度	小→大
团队共享目标	水平/程度	低→高

本研究将对开放式编码中被分割的材料进行聚类分析，使之在不同的范畴间建立联系，形成更加概括性的范畴。经过反复比较甄别，将开放式编码形成的范畴"低地位取代高地位的可能性、团队成员地位获致性和高低地位成员地位差的稳定性"作为三个亚类属归并在"地位稳定性"概念类属之下。将初始范畴"内子团队共谋发展、内子团队和外子团队间友谊、内子团队和外子团队间信任、内子团队和外子团队间态度、内子团队态度和信任、内子团队和外子团队共同完成任务"等六个亚类属归并在"社会距离"概念类属之下。把"团队目标高度统一和明确""团队成员高度认可团队目标""团队目标可达成"和"团队目标可实现共赢"四个亚类属归并在"团队共享目标"概念类属之下。将初始范畴"内子团队和外子团队间友谊、内子团队和外子团队间信任、内子团队和外子团队间态度、内子团队态度和信任、内子团队和外子团队共同完成任务、内子团队共谋发展"等六个亚类属归并在"A型断裂对社会距离的影响"和"B型断裂对社会距离的影响"概念类属之下。将初始范畴"内子团队和外子团队互相封锁新创意、内子团队和外子团队互相抵制新创意的推展、内子团队积极提出和分享新创意、内子团队积极推展新创意、子内子团队和外子团队合作产生新创意、内子团队提出

和分享新创意、内子团队积极推展新创意、内子团队和外子团队合作产生新创意"等八个亚类属归并在"A型断裂对团队创造力的影响"和"B型断裂对团队创造力的影响"概念类属之下。将"内子团队积极提出和分享新创意、内子团队积极推展新创意、内子团队和外子团队合作产生新创意"三个亚类属归并在"A型团队断裂方式和地位稳定性的交互对团队创造力的积极影响"和"B型团队断裂方式和地位稳定性的交互对团队创造力的积极影响"概念类属之下。将"内子团队和外子团队互相封锁新创意"和"内子团队和外子团队互相抵制新创意的推展"两个亚类属归并在"A型团队断裂方式和地位稳定性的交互对团队创造力的消极影响"和"B型团队断裂方式和地位稳定性的交互对团队创造力的消极影响"概念类属之下。经过处理后提炼出11个概念类属，如表4-14所示。

表4-14 主要概念类属及概念类型

编号	主范畴	概念
1	地位稳定性	指团队内部成员地位稳定的程度，具体而言，主要是关于高地位是否容易被组织降低或提高地位层级，低地位是否会被组织提高或进一步降低地位层级，以及低地位成员威胁甚至取代现有高地位成员的地位的情况。
2	社会距离	指内子团队与外子团队之间的互相理解、亲密和交往的程度。具体包括子团队间关于团结、不可渗透性、合作、敌意、竞争、冲突、认同、猜疑、疏远、凝聚力、优越感、自卑、接近、抑制、排斥、吸引、屈从、顺从、歧视、刻板印象、社会接触和回避等方面。
3	团队共享目标	指团队有明确的共同目标，并且该目标被各子团队及其成员高度认同、拥护并采取行动努力实现。
4	A型断裂对团队创造力的影响	指团队发生横向分化纵向统整，知识在子团队间的横向流动会受到一定程度的阻碍，会抑制内子团队和外子团队提出创意、分享交流新创意。

续表

编号	主范畴	概念
5	B型断裂对团队创造力的影响	指团队发生纵向分化横向统整,知识在高低地位子团队间的纵向流动会受到一定程度的阻碍,高端知识或创意由上向下传递减少,高-低地位间的有关创造性的信息传递和理解受到一定的阻碍,会抑制内子团队和外子团队提出创意、分享交流创意。
6	A型断裂对社会距离的影响	指团队发生横向分化纵向统整,使得内子团队和外子团队间的交往、信任、理解、支持、合作、学习的意愿都会明显降低,一条无形的纵向断裂带使团队出现了"裂缝",社会距离扩大。
7	B型断裂对社会距离的影响	指团队发生纵向分化横向统整,使得高地位子团队和低地位子团队间的交往、信任、理解、支持、合作、学习的意愿都会明显降低,一条无形的横向的断裂带使团队出现了"裂缝",社会距离扩大。
8	A型×地位稳定性对团队创造力的积极影响	A型×低地位稳定性使得各子团队及其成员想要实现地位目标的可能性提高,各子团队内部和子团队间的成员互相积极提出新创意和推展新创意。
9	A型×地位稳定性对团队创造力的消极影响	A型×高地位稳定性使得各子团队及其成员想要达成地位目标的难度大,各子团队创造性明显降低,不仅会封锁新创意,甚至还会制造障碍阻碍其他子团队提出或推展新创意。
10	B型×地位稳定性对团队创造力的积极影响	B型×低地位稳定性使得低地位子团队及其成员改变地位现状的可能性提高,有利于促进低地位子团队内部成员互相提出和推展新创意。高地位子团队成员面临地位竞争压力,高地位成员为了维护自身的地位利益必须提高对团队的贡献,因此,总体上会促进整个团队的成员积极提出和推展新创意。
11	B型×地位稳定性对团队	B型×高地位稳定性使得高地位子团队对低地位子团队的歧视和排斥增加,低地位子团队成员改变地位现状的可能性

第4章　地位竞争导致的团队断裂质化研究

续表

编号	主范畴	概念
	创造力的消极影响	极低，低地位子团队成员提出新想法新创意的积极性被抑制。同时，在高地位子团队中，由于来自低地位子团队的地位威胁被消除，缺乏外部压力导致创新积极性明显降低。因此，总体上会抑制整个团队成员积极提出新创意和新想法。

通过对研究核心概念主题和记录资料的分析，阐述以上11个概念的潜在逻辑关系和脉络发现，最终可以将这些因果关系和逻辑顺序归并形成6大类关系，具体见表4-15。

表4-15　基于主轴编码六大类关系

编码	关系类型	影响关系的概念	关系的内涵
1	A型断裂方式对团队创造力的影响	A型断裂方式、团队创造力	指团队发生横向分化纵向统整，知识在子团队间的横向流动会受到一定程度的阻碍，会抑制内子团队和外子团队提出创意、分享交流新创意。
2	B型断裂方式对团队创造力的影响	B型断裂方式、团队创造力	指团队发生纵向分化横向统整，知识在高低位子团队间的纵向流动会受到一定程度的阻碍，高端知识或创意由上向下传递减少，高低地位间有关创造性的信息传递和理解受到一定的阻碍，会抑制内子团队和外子团队提出创意、分享交流新创意。
3	A型断裂方式对社会距离的影响	A型断裂方式、社会距离	指团队发生横向分化纵向统整，使得内子团队和外子团队间的交往、信任、理解、支持、合作、学习的意愿都会明显降低，一条无形的纵向断裂带使团队出现了"裂缝"，社会距离扩大。

续表

编码	关系类型	影响关系的概念	关系的内涵
4	B型断裂方式对社会距离的影响	B型断裂方式、社会距离	指团队发生纵向分化横向统整，使得高地位子团队和低地位子团队间的交往、信任、理解、支持、合作、学习的意愿都会明显降低，一条无形的横向断裂带使团队出现了"裂缝"，社会距离扩大。
5	A型×地位稳定性对团队创造力的影响	地位稳定性、社会距离、团队目标共享、A型×地位稳定性对团队创造力的积极影响/消极影响	A型断裂方式与地位稳定性交互决定团队创造力；二者之间的关系会被社会距离中介；团队共享目标具有显著的调节作用，且该调节作用会被社会距离中介。
6	B型×地位稳定性对团队创造力的影响	地位稳定性、社会距离、团队目标共享、B型×地位稳定性对团队创造力的积极影响/消极影响	B型断裂方式与地位稳定性交互决定团队创造力；二者间的关系会被社会距离中介；团队共享目标具有显著的调节作用，并且该调节作用会被社会距离中介。

（3）选择性编码

选择性编码是在主轴编码结果的基础上选择确定一个核心类属，将初始编码阶段（开放编码）提炼的范畴及主轴编码阶段抽象出的范畴间关联进一步整合精炼建构得出理论模型的过程（陈向明，2000）。Strauss（1987）认为核心范畴代表了研究的主题、问题和核心现象，能够同时解释并呈现数据中涌现出的核心问题、现象及其变异，并能有效区分与核心问题、现象相矛盾的内容和信息。本研究旨在探讨团队断裂方式对团队创造力的作用机制，深入探讨团队断裂方式对团队创造力的影响效应、中介机制和应用边界。研究的核心主题可以概念化为"团队断裂方式对团队创造力的作用机理概念模型构建"，可以通过图4-3来呈现核心概念团队断裂方式对其他概念如社会距离和团队创造力的统驭结构。

第4章　地位竞争导致的团队断裂质化研究

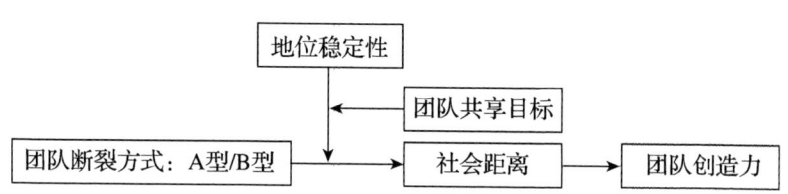

图4-3　团队断裂方式对团队创造力作用机制概念模型

这一阶段的编码：首先，进一步确定团队断裂方式分别与社会距离和团队创造力之间的关系，实现对A型和B型团队断裂带方式的分离；其次，团队断裂方式和地位稳定性的交互通过社会距离间接作用于团队创造力；第三，实现了对共享目标的分离；第四，明确了团队断裂方式和地位稳定性的交互作用于团队创造力的路径：团队断裂方式和地位稳定性的交互作用于团队创造力的关系受到社会距离的中介，共享目标具有调节作用，即共享目标不仅可以直接调节团队断裂方式和地位稳定性的交互与社会距离之间关系，而且还可以调节团队断裂方式和地位稳定性的交互与团队创造力之间关系，该调节效应会被社会距离中介。总之，"团队断裂方式对团队创造力的作用机理概念模型构建"核心概念的内部结构呈现出主要关系如下：①团队断裂方式与团队创造力和社会距离之间的关系；②团队断裂方式和地位稳定性交互决定团队创造力的水平；③社会距离具有中介作用；④共享目标的调节作用。

4.4.3　理论饱和度检验

本书随机在30名被试中抽取23名成员的文本资料进行编码，剩余的7名成员（C4、F2、F3、G2、H1、K、N）的相关数据资料被用于检验核心研究的理论饱和度。研究结果表明，在剩余7名成员的相关数据资料中并未发现新的联结，结果表明本研究上述理论编码结果已经达到理论饱和。由于访谈的文本数据较多，本研究在此采用如下3段陈述句作为举证：

（1）在我们团队中，小圈子还是挺明显的，明眼人一眼就能看出那几个负责人是一伙的，我们这些下属之间会走得比较近（G2-14"B型断裂方式"）。他们的位子稳着呢，我们即使工作表现得再好也没有用（G2-15"B型团队断裂方式和地位稳定性的交互""纵向分化横向统整被强化"）……他们和我们属于两个完全不同的世界，大家比较疏远（G2-20"社会距离扩大"）……交代的基本工作任务按时完成就行，至于其他关于如何改进工作方面的事情我们一概不管，哪怕就算谁有些好点子也不会让他们知道（G2-24"抑制提出新创意""封锁新创意"）。

（2）在我们团队中，我们三个的整体实力和地位与他们存在一定的差距，由于地位现状无法改变，我们很难竞争过他们（F3-11"A型团队断裂方式和地位稳定性的交互"）。地位越稳定，他们的支配地位就越稳固，我们的从属地位就更难改变（F3-14"横向分化纵向统整被强化""社会距离扩大"）……平时与工作相关的好点子或好意见基本上都是他们提出的，我们即使有好想法也不会轻易说出来（F3-25"抑制提出新创意"）……他们提出的点子或意见如果对我们不利，我们还会"唱反调"（F3-29"阻碍新创意的推展"）。

（3）当难以协调各小组关系时，领导就开会动员大家，做大家的思想工作，让大家对团队目标达成共识，让各方认识到实现目标的重要意义，令大家确信都能从中获益不少（C4-65"高团队共享目标"）……使各小组能够互相理解、互相支持、互帮互助和加强沟通和理解（C4-67"缩小社会距离"）。最终，大家都会积极献计献策（C4-68"促进团队创造力"）。

4.5 地位竞争导致的团队断裂与团队创造力理论模型解释

4.5.1 团队断裂方式、团队创造力和社会距离

团队断裂方式不同则子团队的构成和特征会存在明显差别。质化研究结果发现，在 A 型断裂团队中子团队的形成主要是地位竞争导向，内部成员高低地位成员互赖，目的是为了能够实现各自不同的地位目标。在 A 型断裂团队中子团队内部的高地位成员掌握着价值资源，他们为了提高竞争力而联合其他低地位成员，而低地位成员为了利用高地位成员的资源、权力和地位渗漏帮助自己尽快提升地位会选择他们作为依靠的对象（Emerson, 1962; Fiske & Berdahl, 2007），因此，子团队内部高低地位成员互依性程度高互斥性低，子团队间的高低地位成员互依性低互斥性高，子团队内部成员表现出较高的内群体偏好和外群体歧视。在 B 型断裂的团队中，子团队的形成主要是基于地位维护导向。高地位成员为了降低地位风险而横向统整纵向分化将团队分化成不同地位层级的子团队，其中高地位子团队内部成员高互赖性，低地位子团队成员高互赖性，高-低地位成员低互赖性高排斥性，因而高-低地位子团队内部成员均表现出较高的内群体偏好和外群体歧视。

团队断裂方式直接作用于团队结果：团队创造力和社会距离，但是断裂方式不同团队结果会存在明显差别。访谈结果发现，A 型断裂方式在知识流向方面优于 B 型断裂方式，具体而言，前者的知识纵向流动顺畅而横向流动受到阻碍，高端知识、经验和创意可以在局部不同地位层级的成员间共享，部分基层或市场的一线信息可以及时向上流动，这有利于子团队内部的创意产生，但是由于子团队间的知识横向流动受阻，子团队间合作产生创意和分享创意有所降低。而 B 型团队的横向知识流动顺畅但是纵向知识流动受阻，高端知识、经验和创意只有高地位群体

成员分享，但是基层或市场等一线的信息难以及时向上流动为高地位子团队创意产生提供素材，这会极大地阻碍整个团队的创造力。因此，A型和B型断裂方式导致团队创造力存在明显差别。同理，A型断裂使得团队分化成两个或两个以上横向分化纵向统整的团队，通常情况下，与B型相比，子团队间的实力较为接近，是典型的竞争导向，各自掌握有对方急需的信息或者创意，为了避免两败俱伤，在竞争过程中互相接近、交往、发展友谊甚至共谋发展的可能性较大。而B型断裂使团队分化成两个或两个以上互相对抗的子团队，高地位子团队对低地位实施严厉的封锁和打压，而低地位子团队对高地位子团队的仇恨和敌意在没有外部因素干预的情况下不仅难以消除，甚至会与日俱增，因而表现出典型的冲突导向，结果极易导致内子团队与外子团队间的排斥和冲突升级，信任、理解和合作意愿明显降低。因此，A型和B型断裂方式导致的社会距离也会存在明显差别。

4.5.2 团队断裂方式和地位稳定性的交互

从图4-1可知，团队断裂方式通过与地位稳定性的交互作用于团队结果产出，从中能够进一步反映出不同断裂方式间存在的差别。团队断裂方式与地位稳定性的交互能够充分反映出团队分化统整的强度。具体而言，在A型团队中，地位稳定越高子团队感知到的外子团队的地位竞争威胁越大，成员实现地位提升的目标难度越大，子团队内部高低地位成员间的互赖程度上升，团队横向分化纵向统整的强度被强化，子团队间的界线更加明显。地位稳定性越低子团队感知到的外子团队的地位竞争威胁越小，团队中横向分化纵向统整的强度越弱，团队横向统整得更加明显。地位提高的机会增加，感知到的外子团队的地位竞争威胁减小，这有利于改善子团队间的情绪、态度和感受。因而地位稳定性越低子团队间的界限变得越模糊，整个团队的统整越强分化越弱，越有利于提高团队绩效产出和效能。

而对于 B 型断裂团队，当地位稳定性越高，低地位子团队成员想要通过个体努力获得地位提高的可能性大大降低，感知到来自高地位子团队的地位封锁越严重，对高地位的敌意和厌恶感增强，低地位成员必须更加团结才能有效对抗高地位子团队打破地位封锁降低地位风险，而高地位子团队乐见地位稳固和风险降低，不会改变对低地位子团队的歧视和排斥。因而地位稳定性越高，团队纵向分化横向统整的强度越大，横亘在高低地位子团队间的界线更加明显。相反，地位稳定性越低，低地位子团队成员获得地位提高的机会和可能性会明显增加，低地位子团队内部成员的依赖程度降低，他们会向外子团队高地位成员交往寻求高质量高价值信息以提升竞争力，获得高地位成员的支持能够使其地位提高的胜算更大、速度更快；而对于高地位成员而言，地位稳定性越低，高地位成员因为自身表现不佳而遭受地位降低的风险明显增加，这种地位下降的风险无法通过与其他高地位成员互赖有效规避，高地位成员的联盟在一定程度上被削弱。为了维护自身地位，高地位成员会增强与外子团队的联系获取更多的价值信息提高自身的实力或贡献，打破低地位群体的联盟，维护地位或者竞争更高的地位，因而团队内部不同地位层级成员间的互动和交流意愿明显改善，高低地位子团队间的界限变得更加模糊，整个团的统整增强，子团队间会出现更多的生产性竞争（Ceranic & Reynolds, 2003），团队内部纵向分化横向统整的强度明显降低将有利于改善子团队间的情绪或态度提高团队绩效产出和效能。

4.5.3 团队断裂方式和地位稳定性的交互与团队创造力之间关系

整合访谈结果发现，团队断裂方式对团队创造力的影响路径有两条：（1）A 型团队断裂方式和地位稳定性交互的影响；（2）B 型团队断裂方式和地位稳定性交互的影响。这两条路径的作用机制完全相同，都是通过团队断裂方式与地位稳定性的交互实现。

首先，团队断裂方式与地位稳定性的交互影响团队创造力。从质化研究结果可以看出，在断裂的团队中，团队断裂方式和地位稳定性交互决定团队创造力。具体而言，在发生地位断裂的团队中，地位目标的实现除了个体或集体的努力竞争外，同时还取决于组织或团队的地位制度的设计——地位稳定性。从访谈中可以发现，地位稳定性反映出团队内部成员地位稳定的程度，具体体现为高地位成员的地位稳定程度，低地位成员晋升高地位的可能性，以及高低地位间地位差的稳定性。访谈结果发现，团队之所以发生地位竞争导致的团队断裂，主要原因在于团队中的高地位成员希望通过与他人联合能够提高竞争力或者更好地维护现有的地位利益规避地位风险，即归结于高地位成员的决策选择。他们对来自组织或团队地位制度相关的信息十分敏感（Guinote，2007），会自动强化接近目标的倾向（Gruenfeld et al.，2008）。地位稳定性程度高低能够给高地位成员的行为选择提供充分的决策信息（Jost & Burgess，2000；Saguy & Dovidio，2013），因而团队断裂方式与地位稳定性交互决定了团队创造力的水平。

其次，A 型/B 型断裂方式和地位稳定性的交互与团队创造力之间的关系将会存在较大区别。在 A 型断裂团队中主要是出现横向分化纵向统整的情况，即各子团队包括高低不同地位水平的成员，各地位层级间的成员互相依赖，联合竞争更高的地位，因此是属于典型的地位竞争导向。而在 B 型断裂团队中，主要是出现纵向分化横向统整的情况，即各子团队包括单一地位的成员，相同或相近地位层级内部的成员互相依赖，属于典型的地位维护导向。由于 A 型和 B 型断裂产生的子团队内部成员地位层级构成的差异，使得不同断裂方式其影响的程度将会存在较大差别，因此，通过将团队断裂方式与地位稳定性进行交互探讨其对团队创造力的影响效应能够更深刻揭示团队断裂方式与团队创造力之间的关系，且能为团队的管理实践提供有效的理论指导。

4.5.4 社会距离的中介作用

本研究扎根理论分析结果发现，社会距离中介团队断裂方式与地位稳定性的交互与团队创造力之间的关系，换而言之，团队断裂方式和地位稳定性交互通过影响内子团队和外子团队间的情感、态度和看法等而间接作用于团队创造力。团队中各子团队内部成员间的情感、态度和看法等对团队创造力产生重要影响，其中包括信任、认同、凝聚力、排斥、敌视、猜疑和冲突等多种情绪和感受。社会距离是指团队内部内子团队成员与外子团队成员间心理上产生交往、亲密和理解的意愿的程度或等级，是各子团队成员主观判断的结果，反映内子团队和外子团队之间社会接触意愿的程度（Park & Burgess，1969）。社会距离的大小能够反映出内子团队对外子团队的影响（科塞，1991）及其对外子团队互相持有的否定性看法和评价（卢国显，2006）。因此有研究发现，社会距离越小团队创造力越高，社会距离越大团队创造力越低（Fiedler, Haruvy & Li, 2011）。

在访谈结果中发现，在 A 型断裂团队中，当地位稳定性越高时成员获得地位提高的可能性会明显降低，子团队感知到的外子团队的地位竞争威胁越大，子团队内部高低地位成员的互赖程度增强，子团队间的排斥、敌视和猜疑等负面的感受和态度被强化，子团队间的界限变得更加明显，扩大了的社会距离不利于鼓励各子团队间交流改进工作流程和提高工作效率的各种新点子新想法。相反，地位稳定性越低，成员获得地位提高的可能性越高，内子团队感知到的外子团队的地位竞争威胁越小，子团队内部高低地位成员的互赖程度有所降低，从而有利于改善子团队间的排斥、敌视和猜疑等消极感受和态度，使子团队间的界限不那么明显，缩小的社会距离有利于促进不同子团队间的成员提出改进工作流程和提高工作效率的各种新点子新想法。

而在 B 型断裂方式的团队中，地位稳定性越低社会距离越小，越有利于新创意新思想的产生及其在团队内部的交流分享。在 B 型断裂团队中，地位稳定性越高，高地位子团队对低地位子团队的歧视和排斥增加，刻板印象加深，更加冷漠，支配性更强；而低地位子团队成员想要改变地位现状的愿望越难以实现，低地位子团队内部越团结，低地位子团队对高地位子团队的敌意、猜疑和回避程度越高，子团队间的界线越明显，因而子团队间的界限进一步强化。子团队间的猜疑和冲突上升，团队凝聚力和合作水平下降，使得各子团队间互相封锁对自身有利的新创意和新想法，排斥和阻碍对己不利的新创意和新想法，有时甚至会采取措施阻碍新创意新想法在团队内部的推展，子团队间合作产生创意的情况受到抑制。在 B 型团队中，随着地位稳定性的提高导致社会距离不断扩大，这不利于新创意新观点的产生及其在团队内部的讨论和推展。相反，地位稳定性越低，低地位成员提高地位的可能性越大，低地位成员会积极寻求与外部其他子团队成员的学习、交流和合作以便于提升自己的竞争力，而高地位子团队成员感受到一定的外部压力，必须加强与外部的联系增强信息获取提高实力或贡献，因而高地位子团队对外子团队的排斥或歧视有所降低。

在访谈过程中还发现，子团队内部所有成员的情绪、感受和行为都高度符合子团队的行为原则和价值观准则。子团队对内部成员的支配或控制有利于内部的团结、凝聚力、认同、合作、互动和不可渗透性，并导致对外子团队的猜疑、敌视、封锁、排斥和低认同等增加。由于子团队对内部成员和外部成员执行双重标准，结果使得子团队内部成员之间的美好愿景和合作目标容易实现，而子团队间的合作水平降低，团队目标和愿景难以达成。这些研究发现与子团队内部成员很难将其他子团队的成员视为同一个团队的结论相一致（Carton & Cummings，2013；卢国显，2006）。总之，团队断裂方式和地位稳定性交互影响团队创造力会被社会距离中介。这一发现与 Park 和 Burgess（1969）、Smith 和 Trope（2006）与卢国显（2006）等学者关于社会距离的产生及其影响的观点相一致。本研究发现还与韦伯的地位团体理论（许嘉猷，文崇一，1990）以及 Blau（1977）的地位距离理论等观点相一致，即团队内部地位会通过团队中内子团队和外子团队的交往、情感、合作和团结的意愿决定团队创造力的观点。

4.5.5 共享目标的调节效应

图4-1作用机制概念模型设置共享目标的情景调节因素，表明在发生地位断裂的团队中团队领导可以通过设置共享目标对团队断裂方式和地位稳定性的交互与团队创造力之间的关系进行操控，从中可以收获更高的团队创造力。这一结果得自对访谈数据的扎根分析，即如果在管理过程中团队领导可以通过设置高度统一且明确的、团队成员高度认可的、可达成的和可共赢的团队目标，这将会在一定程度上减弱团队断裂方式和地位稳定性的交互对团队创造力的负向影响，收获更高的团队创造力。

例1，被研究对象A2提到："我们团队的目标就是力争拿到公司的年度销售冠军。团队内部上下都非常认同争冠目标的，因为我们有这个实力，去年在市场不成熟的情况下就获得第三名的好成绩。去年为今年打下了良好基础，今年市场成长态势将会非常喜人。如果实现目标，不仅基本奖金翻倍，还有高额的绩效奖金，另外，骨干成员会得到晋升或提拔，经济收入和职业发展前景都十分看好。因此，尽管两个小团队存在竞争和冲突，但是，最终大家还是调整好心态改变态度互相宽容对方，积极探讨交流设计2016年的市场开发计划和促销方案。"

例2，被研究对象G1提到："部长后来看到大家工作积极性和主动性不高，为了充分调动大家积极性，制定争创先进部门的目标，多次开会动员大家，让大家达成共识，同时承诺一旦年终考评获得这个称号，现有符合晋升条件的同志来年在职位和薪酬待遇上全部加升一级……后来，高-低地位子团队在工组中的态度发生变化，相互间的距离感拉近了，部门领导不仅给下边提供更多的培训和学习的机会，还经常和大家互动，部属成员也会积极回馈，积极参与部门改进计划方案的制订，对于如何提高部门管理水平和工作效率积极发表自己的意见和看法。"

上述这些例子或事件表明，高共享目标缩小了社会距离，提高了团队创造力。当不同子团队成员共同认可团队目标并付诸实施时，子团队间的冲突、排斥、敌视或歧视在合作和互动中逐渐减弱，换来的是更多的互赖和互信，使成员更积极地表达个人对于工作开展和流程改进的想法，工作管理方案的完善等，大大提高了团队创造力。因此，团队共享目标对团队断裂方式和地位稳定性的交互与团队创造力和社会距离之间的关系起到重要的调节作用。

4.6 本章小结

本研究的主要贡献是通过采用扎根理论方法深入探讨了地位竞争导致的团队断裂方式的构念、影响因素模型以及团队断裂方式和团队创造力理论研究模型。首先，以往未曾探讨地位竞争导致的团队断裂方式的构念，本研究率先对该构念进行构建和探讨。本研究经过扎根理论研究萃取呈现出两种不同的断裂方式：A 型和 B 型。本研究丰富了团队断裂带研究领域关于团队断裂类型的内容和文献，并为今后开展团队断裂带其中尤其是与地位竞争相关的团队断裂带及其影响机制的研究提供了概念基础。其次，本研究还探讨了地位竞争导致的团队断裂方式的影响因素模型。研究发现，上述两种团队断裂方式存在较大差异，由于团队内部高地位成员对低地位成员的依赖程度和高地位成员与低地位成员在地位利益的异质性的差异，最终将团队断裂为两种具有不同地位结构特征的子团队，本研究分别称之为 A 型和 B 型子团队。虽然，以往的研究已经发现了多种团队断裂类型，但是与地位竞争相关的团队断裂类型十分匮乏，因此，本研究不仅探讨了地位竞争导致的团队断裂带及其影响，而且还补充发现了新的团队断裂带的前因变量，丰富和发展了团队断裂带相关研究。最后，本研究基于两种不同断裂方式的构念基础上通过扎根理论方法构建理论研究模型，通过扎根分析发现A型和B型断裂方式及其影响效应会存在明显差异，以及团队断裂方式和地位稳定性交互作用于团队创造力，二者之间关系被社会距离中介，并且共享目标具有调节作用，从而为下一章的实证研究提供了理论支持。

第 5 章　地位竞争导致的团队断裂与团队创造力实证研究

5.1　研究目的

实证研究的主要目的是对第四章扎根分析得到的关于团队断裂方式与团队创造力的理论研究模型进行实证检验，进一步揭示不同类型断裂方式与团队创造力之间的关系及其差异。以往研究主要实证检验团队断裂强度、状态和子团队的数量对团队创造力的影响，忽视了对团队断裂方式的探讨，使得团队断裂带对团队创造力的影响效应的相关结论存在较大的不一致性。有学者（Carton & Cummings，2012；2013）预测团队断裂方式要比上述几个方面的作用更大，但是至今极少有文献对此进行探讨。本研究响应 Bezrukova 等（2009）、Carton 和 Cummings（2009）以及倪旭东（2015）等学者的号召，基于第四章的扎根研究构建的 A 型和 B 型断裂方式构念及其质化理论模型，进一步分析和实证检验地位竞争导致的团队断裂方式对团队创造力的影响效应和作用机制。

社会距离反映内子团队和外子团队间社会接触意愿或互相合作/冲突的意愿（Park & Burgess，1969）。一方面，地位分化统整将团队分割成两个及两个以上的子团队,各子团队很难将外子团队视为同一个团队(Carton & Cummings,2013;卢国显,2006),要想探讨团队断裂方式与团队创造力之间的关系,内子团队与外子团队间社会距离的中介作用不能被忽视。另一方面,依据 Park 和 Burgess（1969）的观点,团队内部各子团队间的地位差在一定程度上决定着社会距离。社会距离关系到内子团队对外子团队的情感、态度和认同,直接作用于团队创造力和效能(Lammers et al.,2012;倪旭东等,2015)。因此,本研究将探讨团队断裂方式对社会距离的作用效果,以及社会距离在团队断裂方式与团队创造力之间所发挥的中介作用。

质化研究结果还表明,地位稳定性和共享目标是两种重要的情景变量,团队断裂方式和地位稳定性的交互作用于团队创造力,共享目标对上述关系存在调节作用。第四章质化研究结果发现,团队断裂的方式主要取决于高地位群体成员实现地位目标的需要——联盟对象的工具性。团队断裂的方式由团队中的高地位成员主导,他们对相关情境的反应更加灵敏,内子团队和外子团队间的社会交往或互动在极大程度上取决于高地位群体成员的信息接收和判断。因此,依据权力的情境依赖理论(Guinote,2007)的观点可以推测,团队/子团队中的高地位成员会依据组织情境迅速做出判断和调整,通过调节内子团队和外子团队间的社会关系、合作意愿作用于团队绩效。有研究认为,团队领导可以通过设置团队目标影响或改变子团队对外子团队的心理距离（Carton et al.,2014;Kozlowski & Bell,2003;West,1990）。子团队间竞争和合作意愿,是否愿意接触和如何接触,关键取决于能否给内子团队带来最大利益(Halevy,2008)。共享目标不仅可以影响团队创造力（Larwood et al.,1995;Lechner,Frankenberger & Floyd,2010）,而且很可能是通过改变社会距离（Kozlowski & Bell,2003;Van Knippenberg et al.,2011）影响团队创造力,但是以往的研究却忽略了对共享目标的探讨。本研究预测,共享目标越高对团队断裂方式和地位稳定性的交互与团队创造力之间关系的影响作用越明显,共享目标越低影响作用越不明显,并且团队断裂方式不同其影响效应也会存在明显差别。

本研究将整合团队断裂带理论和地位竞争理论的观点展开探讨,预计将会在四个方面取得重要进展:①区分和比较 A 型和 B 型断裂方式在团队创造力和社会距离上存在的差异。②通过实证检验使人清楚团队断裂方式和地位稳定性的交互与团队创造力之间的关系,进一步表明团队断裂方式在探讨团队断裂带和结果产出之间关系中具有的重要意义。③检验社会距离的中介作用,通过探讨内子团队与外子团队间的社会交往意愿,揭示团队断裂方式和地位稳定性的交互作用于团队创造力的中介机制。④进一步探讨共享目标的调节作用,使团队领导明白如何通过设置团队目标能够收获更高的团队创造力,为团队管理实践提供理论指导。

5.2 理论与假设提出

5.2.1 团队断裂方式、社会距离和团队创造力

团队断裂方式不同则团队社会距离和创造力会存在明显差别。具体而言,首先,从 A 型和 B 型团队中子团队的性质来看,A 型断裂方式产生的子团队具有典型的地位竞争导向,依据 Anderson(2015) 以及 Does 和 Mentovich(2016) 的观点,地位竞争导向具有这样的特征,内子团队和外子团队间既有竞争和合作又有一定的利益冲突,但冲突不是团队的主旋律;而 B 型断裂方式产生的子团队具有典型的地位维护导向,依据 Metiu(2006) 和 Bendersky(2012) 等学者的理论观点,地位维护导向具有这样的特征,高地位子团队和低地位子团队间互相冲突、敌视或者排斥是常态,合作程度较低,地位封锁和冲破地位封锁,地位压制和地位反抗是团队的主旋律。因而相比而言,A 型断裂团队内子团队和外子团队之间社会交往的意愿、动机和关系亲密程度要明显要强于 B 型,即 B

型团队的社会距离明显大于 A 型。

其次,在知识流向方面,A 型断裂方式在知识流向和创意来源方面优于 B 型。具体而言,前者的知识纵向流动顺畅而横向流动受到阻碍,高端知识、经验和创意可以在内子团队不同地位层级的成员间共享,部分基层或市场的一线信息可以及时向上流动,这有利于内子团队的创意产生,不过,由于内子团队和外子团队间既存在竞争和合作又存在一定程度的排斥和冲突,因而知识和创意在子团队间的横向流动会受到一定程度的阻碍,这不利于团队创造力;而 B 型团队的横向知识流动顺畅但纵向知识流动严重受阻,高端知识、经验和创意在高地位内子团队中分享程度较高,低地位外子团队分享到这些高端知识和创意的可能性较低,低地位子团队了解掌握的基层或市场一线的信息也难以及时向高地位子团队流动,使得高地位子团队创意产生的素材或来源部分甚至全部被切断,这会极大地阻碍整个团队的创造力。因此,本研究可以提出如下假设:

假设 1:A 型和 B 型断裂方式导致的社会距离和团队创造力存在明显差别。具体而言,A 型和 B 型断裂方式对社会距离的影响效应存在明显差别,并且后者的社会距离明显高于前者(a);A 型和 B 型断裂方式对团队创造力的影响效应存在明显差别,并且前者的团队创造力明显高于后者(b)。

5.2.2 团队断裂方式、地位稳定性和团队创造力

权力的情境聚焦理论(e.g., Guinote, 2007;2010)认为,无论是高地位还是低地位群体/个体,其行为在很大程度上取决于组织情境,他们的行为反应会随着组织情境的变化而变化。不过相比而言,高地位或高权力的群体/个体的反应会更加迅速,态度和情境会更加一致,对他人的认知更加工具化,其行为具有更高的灵活性,能够更快地设定目标并找到实现的途径或方法。当与目标相关的刻板印象有效时会受到刻板印象的制约;当与目标相关的刻板印象无效时会及时跳出刻板印象修正自己

的行为以便于目标达成；当面对组织的制度或目标时，与低地位相比，高地位群体/个体能够更加清醒地认知组织目标，并对组织发展表现出更高的责任心（Fast，2009）；而低地位/权力的群体/个体的反应较为缓慢，即使情境已经发生变化，他们做出反应也会需要更多的时间，且准确性相对较低，且相比而言对组织目标的认知并不是那么清晰，对组织发展的责任心较低。总之，权力的情景聚焦理论强调的是高地位群体/个体的地位/权力效应受情境因素、认知灵活性和选择性影响，促使内子团队及时调整与外子团队之间的关系和行为选择。

整合地位竞争（Hinds et al.，2013；Menon, Thompson & Choi，2006）、社会距离（Park & Burgess，1969）和社会类化理论（Social Categorization Theory）(Turner，1985) 的观点发现，团队内部出现地位分化和统整使成员区分为内子团队与外子团队，产生"圈内—圈外"的认知，这种分化和统整的力度越大，子团队间的界线越明显，越不利于团队创造力。具体而言，在 A 型团队中，地位稳定性越高，各子团队及其成员获得地位提高的可能性越小，子团队内部成员互赖程度越强，对外子团队的排斥和敌视越强，团队横向分化纵向统整的强度越高，内子团队主动规避外子团队竞争对手的新知识新创意的意愿也越强（Menon et al.，2006）；相反，地位稳定越低，团队横向分化纵向统整的强度越低，各子团队及其成员获得地位提升的可能性越大，子团队间外部威胁感越低，对外子团队的排斥和敌视明显降低，对团队创造力越有利。地位稳定性低意味着子团队及其成员获得地位提高的机会大大增加（Bidwell，2013），外部竞争威胁降低，内子团队对外子团队的歧视和敌意会降低而偏好会提高（Duguid et al.，2012），这有利于子团队间的合作、融合和知识利用，对团队的创造性具有较大的促进作用。另外，依据社会距离理论（Magee & Smith，2013）和知识流动对团队创造力作用的观点（Mom, Van Den Bosch & Volberda，2007），在高的地位稳定性情况下，由于子团队内部的低地位成员被高地位成员同化，知识在子团队内部自上而下和自下而上流动比较顺畅，但是由于子团队间互相排斥和敌视，导致知识在子团队间的横向流动受到限制。根据 Mom 等（2007）的观点，自下而上和水平的知识流动可以推进创造性产出，但是由于团队横向分化纵向统整使得高端知识被"分割"，可以水平流动的知识量下降，并且自下而上的知识流动量也会减少，因而可以预测其不利于创造性产出。相反，地位稳定性越低，子团队内部高地位成员基于组织目标发展的需要和责任心（Fast，2009），团队横向分化纵向统整的强度降低会对团队整体统整更为有利（Duguid et al.，2012），这不仅有利于提高知识自上而下和自下而上的流动量（Maner & Mead，2010），而且还有利于促进知识的水平流动，有利于促进团队创造力。

在 B 型团队中，地位稳定性越高，子团队边界的可渗透性越差，团队纵向分化横向统整的强度越高对团队创造力的抑制作用越明显；反之，地位稳定性越低，子团队边界的可渗透性越好，团队纵向分化横向统整的强度越低对团队创造力的负面影响越不明显。地位稳定性越高，低地位子团队成员几乎没有机会上升到高地位，地位流动（status mobility）凝滞（Sligte，de Dreu & Nijstad，2011），低地位子团队的动机丧失，创动明显降低。而依据权力的情景聚焦理论的观点（Guinote，2007），高地位子团队会更加依照自己的偏好行事而忽略伦理的社会影响（Pitesa & Thau，2013）。依据社会距离理论（Magee & Smith，2013）和知识流动对团队创造力作用的观点（Mom et al.，2007），地位稳定性越高，高低地位子团队间规避对方的新知识新想法的可能性较高（Magee & Smith，2013），高地位子团队主动地发起与低地位子团队交流探讨合作产生新创意的可能性较低（Menon et al.，2006），因而知识的纵向流动大大减少。尽管团队的纵向分化可以保证知识被水平分割，而横向统整意味着高端知识没有被分割成"碎片"，根据 Finley 等（2010）更多的高端知识是驱动更好的创造性的前提的观点，高的地位稳定性明显阻碍了团队创造力。另外，依据社会距离理论的观点，高地位子团队难以修正对低地位子团队的看法（Ledgerwood & Chaiken，2007；Magee & Smith，2013）。由于没有来自外群体的竞争和冲击，高地位子团队也会出现创动停滞，而低地位子团队由于受到高地位稳定性的抑制，遭受较大的外部地位风险（Duguid et al.，2012），创新的积极性明显降低。相反，地位稳定性越低，基于组织目标的需要，高地位子团队不得不及时调整自己的行为（Guinote，2007；2010；Fast，2009），团队纵向分化横向统整的强度降低有利于团队的整体统整以及知识的全面和平衡流动，促进高－低地位子团队的创造性，能够提高整体的团队创造力。依据地位竞争理论的观点，低的地位稳定性意味着高地位子团队对低地位子团队的地位封锁减弱（Bidwell，2013），低地位子团队成员思考和想法更加灵活，更少规避风险且更加敢于承担风险，其处理信息的过程更加全面，这有利于团队产生更多的新想法（Sligte et al.，2011）。而高地位子团队成员要想保证现有的地位或利益也必须表现出对组织目标实现的高责任心，努力提高对团队的贡献（Halevy，Chou，Cohen & Livingston，2012），最终促使整个团队的创造力维持在较高水平。

根据 Finley 等（2010）的观点，团队的创造力将主要由团队内部的高地位员工引领。在 B 型断裂地位稳定性高的情况下使得团队内部高端知识的纵向流动严重不足，因而与 A 型相比，B 型断裂方式和地位稳定性交互对团队创造力的负向影响程度更大。综合上述分析可以提出如下假设：

假设 2：A 型和 B 型断裂方式分别与地位稳定性的交互对团队创造力存在负向影响，但是，B 型的负向影响程度明显要比 A 型大。

5.2.3 团队断裂方式、地位稳定性和社会距离

依据 Park 和 Burgess（1969）的观点，社会距离是指团队中子团队间的心理距离，反映子团队间的互动意愿或程度。团队断裂方式和地位稳定性的交互能够充分反映出团队分化统整强度的高低及其对社会距离的

影响程度。具体而言，在 A 型团队中，地位稳定性越高，内子团队和外子团队成员获得地位提高的可能性越低，团队横向分化纵向统整的强度越高，子团队间的界限越发明显，子团队间合作互动的可能性越低。基于社会距离理论的观点（Magee & Smith，2013；卢国显，2006），"圈内-圈外"的认知加深不利于子团队间的认同和渗透，导致子团队间的合作愿望降低而猜疑和敌意上升（科塞卢，1991；卢国显，2006；许嘉猷，文崇一，1990）。地位稳定性越高，A 型团队中各子团队间的认同威胁上升，关系冲突增加，敌视和对立加剧（Bezrukova et al.，2007；Thatcher & Patel，2011），成员感知到外子团队对内子团队的威胁感增强（Stephan et al.，2002）。而地位稳定性越低，地位提高的机会增加，外子团队的竞争威胁降低（Duguid et al.，2012），团队整体的统整更加明显，有利于促进子团队间不同地位层级的成员的交往、合作和渗透（Earle et al.，1983；Kelley et al.，1983；Magee & Smith，2013），能提高成员的奉献意愿（李英蕾，夏纪军，2009），有利于改善子团队间的关系（Charness，Haruvy & Sonsino，2007），降低敌对和排斥，增强合作，因此地位稳定性越低社会距离越小。

而对于 B 型断裂团队，地位稳定性越高团队纵向分化横向统整的强度越大，低地位子团队对高地位子团队间的敌对意愿越强烈而合作意愿越不强烈社会距离越大；相反，当地位稳定性越低团队纵向分化横向统整的强度越小，子团队间的合作意愿越强社会距离越小。从情绪的社会分离和参与的视角来看（Kitayama，Markus & Kurokawa，2000；Kitayama，Mesquita & Karasawa，2006），团队纵向分化横向统整的强度越大，高地位子团队会感到更多的自豪以及对低地位子团队更多的蔑视；自豪和蔑视构成的函数不仅能够提高个体或子团队的地位水平（e.g.，Oveis，Horberg & Keltner，2010；Shariff，Tracy & Markusoff，2012），更会提高高低地位子团队分化、排斥和高地位限制低地位子团队的可能性（Blau，1977；Magee & Smith，2013）。依据权力的非对称性依赖和权力的控制模型观点（Fiske，1993），高地位子团队会因为对低地位子团队产生歧视和刻板印象而维持高的社会距离意愿，并减少与低地位子团队的交往和互动的频率（Earle et al.，1983；Lammers et al.，2012；Magee & Smith，2013）；而低地位子团队由于对高地位子团队的不满、猜疑和敌意，会刻意回避或减少与高地位子团队的交往和互动，他们体验到的相对剥夺感和地位威胁感更强（Halevy et al.，2012），不公平感更强烈（Carton & Cummings，2012），对外子团队的厌恶感上升（张建玲，赵玉芳，2012），更容易对高地位子团队产生消极情绪和态度，如恐惧、愤怒、焦虑和敌对意向等（张婍，冯江平，王二平，2009）。另外，依据地位竞争理论的观点，当子团队遭受外部地位风险越大，对外部子团队的歧视或敌意越高，且对内子团队的偏好越强；相反，当子团队遭受外部地位风险越低，对内部子团队的偏好会越低，且对外部子团队的偏好和态度会改善（Duguid et al.，2012；Nadler & Halabi，2006）。而在地位稳定性低的情境下，依据权力的情景聚焦理论的观点，从高地位子团队的态度反应来看，由于低的地位稳定性具有不可逆性的特点，他们会及时调整策略，一方面，高地位子团队要担负起组织发展目标的实现而履行自己的责任心或角色内绩效（Fast，2009），需要维护良好的人际关系，争取组织/领导的支持；另一方面，高地位子团队会采取渗透到低地位子团队的做法分化/打破低地位成员的联盟，降低低地位子团队的威胁（Case & Maner，2014；De Waal，2007），这些都有助于缩小团队中的社会距离。而从低地位子团队情况来看，要想在数量较多且目标高同质化的低地位成员间的地位竞争中胜出需要借助外部力量（Case & Maner，2014；Umphress et al.，2007），其中尤其是高地位成员的支持。有研究发现哪怕是获得外部高地位成员少量的地位渗漏都会对其胜出起到至关重要的作用（Goldstein & Hays，2011；Umphress et al.，2007），从而会主动改善与高地位子团队之间的互动。因而在地位稳定性低的情况下团队内部社会距离会降低。

基于上述分析可以预期，与 A 型相比，由于 B 型是高‑低地位子团队间的直接对立或分化，因此，B 型断裂方式和地位稳定性交互对社会距离的正向影响程度会更大。综上分析可以提出如下假设：

假设3：A 型和 B 型断裂方式分别与地位稳定性交互正向影响社会距离，但是，B 型的正向影响程度明显要比 A 型大。

本研究还预测认为，团队断裂方式和地位稳定性的交互通过社会距离间接作用于团队创造力，主要原因在于团队断裂方式和地位稳定性的交互直接强化/弱化内子团队偏好和外子团队歧视。依据社会优势理论观点（Sidanius, Pratto & Mitchell, 1994），对内子团队的偏好会扩大与外子团队的社会距离。当感知外子团队对子团队持有的消极态度或评价，子团队及其成员会因为外子团队对内子团队带来的威胁或自尊的损害而加深对外子团队的敌视而强化了对内子团队的偏好（Branscombe et al., 2002）。基于社会自尊的需要（李琼，刘力，2011）导致子团队在消极认同维度上与支配地位子团队进行直接对抗的意愿变得更加强烈（张莹瑞，佐斌，2006）。随着子团队内部认同增强，成员对于高一级团队的认同水平自然会下降（李琼，刘力，2011），依据阶层的社会认知视角（Kraus et al., 2012），低地位/从属地位子团队因为更容易对团队产生不满和否定而刻意避免与外子团队尤其是高地位子团队的交往和互动，最终导致社会距离扩大。

社会距离越大团队创造力越低，社会距离越小团队创造力越高。有研究认为，社会距离越小越有利于子团队间互相学习、理解、掌握对方的观点（Gibson & Vermeulen, 2003），对外群体的新想法新观点的感受和理解会更准确，认同度会更高（Elfenbein & Ambady, 2002; Thomas & Fletcher, 2003），信任和互惠水平的提高会促进子团队合作和风险承担（Charness et al., 2007; Colquitt, Scott & LePine, 2007），多样化的知识信息来源（Hoever et al., 2012; 谢小云，张政晓，王唯梁，2012）及其共享利用有利于激发团队创造力（Boone & Hendriks, 2009; Hoever et al.,

2012)。相反,社会距离越大,内子团队越抗拒来自外子团队的影响,对外子团队心智模式的兴趣和应答水平下降,互相理解对方想法、创意和推论的准确性降低,参与体验的可能性降低,而想要规避外部信源影响的可能性明显提高(Das & Teng, 1998; Magee & Smith, 2013; Sherwood & Covin, 2008),因而社会距离越大越不利于团队创造力。综上分析可以提出如下假设:

假设4:社会距离分别中介A型和B型断裂方式分别和地位稳定性交互与团队创造力的关系。

5.2.4 共享目标的作用

共享目标是一种共同的愿望或理想,鼓励团队成员一起努力实现(Carton et al., 2014; West, 1990),为各子团队及其成员提供共同关注的焦点,为团队的自我管理提供参照点,引导着团队开拓进取,对团队有效性产生重要影响(Kozlowski & Bell, 2003)。共享目标包括四个基本特征:明确性、前瞻性、可实现性和共享性(West, 1990)。其中明确性是指团队目标已经被各子团队及其成员清楚明白;前瞻是指目标描绘的是一个极具价值的结果,有利于提高各子团队的团队目标承诺;可实现性是指通过各子团队及其成员的努力和协作能够实现团队目标;共享性是指该目标被团队内部各子团队及其成员普遍接受。

在共享目标的影响下,团队中内子团队和外子团队间的心理距离会发生明星变化(Van Knippenberg et al., 2011)。具体而言,依据群际接触理论(Pettigrew & Tropp, 2006)的观点,在A型团队中共享目标越高越能促进子团队间的共同努力和积极态度,增加对外子团队信息的习得,减少偏见(Scroggins et al., 2016;李森森等,2010),促进各子团队互相合作而弱化彼此之间已有的竞争关系(Chrobot-Mason et al., 2007),使子团队间的界限变得模糊(Van Knippenberg et al., 2011),有利于提高各子团队对共同利益的承诺(Hülsheger, Anderson & Salgado, 2009;

第 5 章　地位竞争导致的团队断裂与团队创造力实证研究

Wong, Tjosvold & Yu, 2005), 使大家从原先"我们"与"他们"的敌对/竞争的认知或状态中逐渐转变成"我们"的强烈的合作意愿 (Scroggins et al., 2016), 内子团队与外子团队间的互动和接触意愿明显增强 (Bastian, Lusher & Ata, 2012)。而低共享目标不利于提高团队认同和降低内子团队和外子团队间的隔阂 (Bastian et al., 2012)。因此, 共享目标越高, A型断裂方式和地位稳定性的交互对社会距离的负向影响减弱得越明显 (Buchan, Johnson & Croson, 2006), 而共享目标越低, A型断裂方式和地位稳定性的交互对社会距离的负向影响减弱得越不明显。

同样, 共享目标越高越有利于提高 B 型团队的创造力, 共享目标越低越不利于提高团队创造力。具体而言, 在 B 型团队中共享目标越高越有利于增强高地位子团队与低地位子团队的互动和合作意愿, 提高对对方的积极评价 (Bastian et al., 2012), 减少对对方的刻板印象, 更易将对方视为同一团队的成员, 合作意愿大大提高。而对于低地位子团队而言, 高共享目标在一定程度上缩小了地位差, 降低了不公平感, 提高他们与高地位子团队接触的意愿, 降低他们已有的敌视、排斥和猜疑等消极态度和情绪 (Bastian et al., 2012; Crisp & Turner, 2009)。而在低共享目标影响下, 由于高地位子团队对低地位子团队的歧视、偏见和刻板印象而主动避免与低地位子团队发生较多接触和互动的愿望没有获得明显改观, 同样, 低共享目标无法改变低地位子团队对高地位子团队的刻板威胁或外群体歧视 (Bastian et al., 2012)。因此, 共享目标越高, 使 B 型断裂方式和地位稳定性交互对社会距离的负向影响减弱得越明显 (Buchan et al., 2006), 共享目标越低, 使 B 型断裂方式和地位稳定性交互对社会距离的负向影响减弱得越不明显。

总之, 高共享目标是一种有效的"粘合剂"(Tsai & Ghoshal, 1998), 可以明显降低子团队的凸显性和歧视, 拉近情感增强合作, 缩小内子团队和外子团队间的社会距离感 (Gaertner & Dovidio, 2014; Nishii, 2013; 党宝宝等, 2014)。不过, 相比而言, 高共享目标对高地位成员的影响更为有效，而对于低地位成员的改变相对有限（Pettigrew & Tropp, 2000）。由于 A 型团队是高低地位成员结盟，各子团队内部成员被高地位成员同化，因而会明显降低对外子团队的刻板印象，社会距离将会缩小得比较明显；而在 B 型团队中，由于高低地位成员分属不同的子团队，基于自我保护的需要，低地位子团队成员对自身地位的评价具有更高的主观成分而较难"纠正"其对外子团队高地位群体的认同或看法，因而对社会距离的影响没有那么明显（Christensen, Boldry & Kashy, 2004）。综上分析可以提出如下假设：

假设 5：团队共享目标会负向调节团队断裂方式和地位稳定性的交互与社会距离之间的关系，并且在不同的断裂方式中调节的幅度存在明显差别。具体而言，团队共享目标在 A 型中的负向调节幅度要大于 B 型。

Pearce 和 Ensley（2004）认为，共享目标是团队创造力产生过程中的一个核心构念，是一种关于团队未来状态的共享心智模型，为提高团队效能提供保障。共享目标意味着所有子团队及其成员都会聚焦于团队目标的实现上，突出了任务的重点，使团队成员视野更加开阔，对外部的信息更加敏感，信息利用效率更高，更容易培养出与目标实现紧密相关的新的工作方法和流程（West, 1990; Anderson & West, 1998）。因此，共享目标在团队创新过程中占据核心地位发挥着至关重要的作用（Pearce & Ensley, 2004）。

在地位竞争导致的断裂团队中领导可以通过设置明确的共享目标缩小社会距离提高团队创造力（Huey, 2010）。具体而言，在 A 型团队中，地位稳定性越高团队横向分化纵向统整强度越强，子团队身份凸显性越突出，随着共享目标的形成和实施（Burningham & West, 1995; Larwood et al., 1995），高共享目标能够减少冲突促进子团队间的理解和一致性（Pearce & Ensley, 2004），各子团队更易认同团队成功（Guzzo et al., 1993; Pearce & Ensley, 2004），这有利于提高团队协作水平和更好地处理与任务相关的创造性（Tsai & Ghoshal, 1998），使成员更快地学习并掌握其他外子团队的相关信息、新的工作流程和工作诀窍（Larwood et al.，1995）。高共享目标使得子团队不是割裂地完成任务为自身服务，而是有责任和义务兼顾外子团队的利益且重视每一部分成员的努力对于实现团队目标的重要性（Gittell，2002）。通过缩小社会距离促进合作使团队更容易找到解决工作中遇到的突发情况的方法或途径（Orasanu & Salas，1993），而低共享目标令子团队难以相信团队能够取得成功而对团队创造力的促进不明显（Guzzo et al.，1993；Pearce & Ensley，2004）。

同样，在 B 型团队中，地位稳定性越高团队纵向分化横向统整强度越高，低地位子团队遭受的地位风险越大，对高地位子团队的敌视越强，这不利于促进子团队间的合作并缩小社会距离。而共享目标能够改善子团队间的关系。正如目标设定理论（Locke & Latham，1990）的观点，当团队能够设置清晰的共享目标让成员找到焦点和方向时更易于找到新的正确的做法。由于高共享目标是"非零和"的游戏，高低地位子团队能够实现共赢，有利于改进子团队间的关系，提高对外子团队的信息习得性，减少对外子团队的偏见，从而有利于高低地位子团队接纳对方的新想法、新创意和新建议，并有利于将这些创造性在团队内部推展（Dovidio, Gaertner & Kawakami，2003；李森森等，2010）。在高共享目标的促进下，各子团队及其成员会优先发展新创意完善各自的工作方法提高创造性，最终提高团队创造力（West，1990；Gong et al.，2013）。高共享目标可以降低低地位子团队感知到的外部地位威胁感，拉近彼此的社会距离（Roccas & Brewer，2002；Schmid et al.，2009），改善高—低地位子团队间的信任，提高子团队承担相应风险的愿意（Rousseau et al.，1998；辛素飞，明朗，辛自强，2013）。另外，高共享目标还有利于高低地位子团队接受对方的地位表达，鼓励双方做出更大的贡献，这些都将促进团队创造力（Aime et al.，2014）。相反，低共享目标不利于促使高—低地位子团队在团队内部社会交往过程中接受外子团队的影响或同化，使各子团队在互相理解对方想法、创意和推论的准确性、参与体验的可能性以及想要规避外部信源影响的可能性等方面的影响均受到明显制约（Christensen et al.，2004；Magee & Smith，2013）。

总之，低共享目标对团队创造力影响不显著，但是随着共享目标水平不断提高，对团队创造力的积极作用越来越明显（Lechner et al.，2010）。不过，即使是高共享目标也难以彻底弥合横亘在高—低地位子团队间的"鸿沟"，相比而言，共享目标对 B 型断裂方式和地位稳定性的交互与团队创造力之间关系的负向影响程度要小于 A 型。因此，综上分析可以提出如下假设：

假设 6：团队共享目标会负向调节团队断裂方式和地位稳定性的交互与团队创造力之间的关系，并且在不同的断裂方式中调节的幅度存在明显差别。具体而言，团队共享目标在 A 型中的负向调节幅度要大于 B 型。

假设 7：团队共享目标分别调节 A 型和 B 型断裂方式分别和地位稳定性的交互与团队创造力之间的关系被社会距离中介。

5.3 研究方法

5.3.1 研究样本

依据以往学者（Carton & Cummings，2012；De Dreu，2007）的观点，组织中工作团队的人数通常在 6~15 人之间，在这个人数规模范围内研究团队断裂带及其影响最具有代表性。因此，本研究收集对象主要在 6~15 人之间的管理、研发和营销等方面的工作团队。在问卷收集过程中尽量要求团队的所有成员全部填答，以便于更加全面客观地反映出团队断裂的类型及其对团队带来的影响。

关于问卷设计方面，首先在问卷第一部分设置甄别题"您所在的团队中是否存在小团队小圈子"，只有那些回答是的团队才继续往下填答。如果填答否，则无须往下填答。第二题是团队断裂类型选择，依据 Bunderson

和 Boumgarden（2010）以及 Jehn 和 Bezrukova（2010）等学者的做法，设置问题了解团队断裂方式，具体问题是"请结合以下关于团队地位断裂的特征的描绘，选择你的团队中与地位层级相关的断裂方式是以下哪一种类型为主导"，选项中具体列出断裂方式的类型和具体特征，其中包括四个选项：A 型、B 型、混合型和其他。只有当团队中给予反馈的 80% 以上的成员选择的断裂类型一致，才能最终判断该团队的断裂方式是以哪一种为主导，因为其中会有个别成员游离于各子团队之外。第三，每个成员都要回答"你是否是其中某个子团队的成员"，目的在于提醒该被试下边的所有题项都是关于团队断裂相关的研究问题，并结合自身的情况填答问卷。

本研究问卷收集历时 2 个多月，共计发放问卷 400 多个团队 3000 余份，最终回收数据 190 个团队 1200 余份，剔除填答不清晰，重要信息严重缺失的团队，无断裂带团队，以及团队成员规模超出规定范围的团队，有效团队 163 个。然后，对团队断裂类型进行判断甄别，发现 A 型断裂的有效团队为 60 个，B 型断裂的有效团队为 45 个，其他类型为 58 个。最终，保留有效样本共计 105 个团队，其中 A 型 60 个团队（425 名成员），B 型 45 个团队（287 名成员）。A 型团队成员平均年龄 31.902 岁，男性比例 57.8%，女性比例 42.2%，教育程度分布情况，中专和大专学历占 26.7%，本科占 58.3%，硕士和博士学历占 15%，成员现单位平均工龄 6.159 年，单位性质方面国有企事业单位占 44.9%，民营企业公司占 55.1%，团队平均规模 9.8 人。B 型团队成员平均年龄 33.077 岁，男性比例 42.7%，女性比例 57.3%，教育程度分布情况，其中中专和大专学历占 34.7%，本科占 50.9%，硕士和博士学历占 14.4%，成员现单位平均工龄 7.273 年，单位性质方面国有企事业单位占 52.6%，民营企业公司占 47.4%，团队平均规模 10.4 人。

5.3.2 变量的测量

本研究所采用量表均为成熟权威量表，由英文原版翻译成中文。为了确保中文版测量题项和内容能够准确反映出原版的内涵和本意，本研究由 3 名工商管理学博士进行翻译和回译，并经过与教授博士生导师进行反复讨论，然后才形成最终问卷。本研究所有非人口统计方面变量的测量变量均采用 Likert-7 点量表法，其中 1 表示"非常不同意"，4 表示"中立"，7 表示"非常同意"。

团队断裂方式。类型划分如前文研究样本内容所述。其中 0 表示 A 型，1 表示 B 型。

地位稳定性。本研究采用 Jost 和 Burgess（2000）以及 Saguy 和 Dovidio（2013）的成熟量表，包括"在我们团队中每个成员的职级是稳定的"和"上级领导在团队工作开展过程中即使较长阶段表现不好也很难被下属所取代"等三个反向题项。信度检验得出 A 型和 B 型的 Cronbach α 系数分别为 0.752 和 0.724。为了检验地位稳定性聚合的可行性，研究者检验了组内一致性（r_{wg}）与组内相关 [ICC（1）与 ICC（2）]。依据 James（1982）的观点，r_{wg} 高于 0.7，ICC（1）和 ICC（2）分别大于 0.05 和 0.5 即符合聚合要求。检验结果显示，A 型和 B 型的 r_{wg} 分别为 0.88 和 0.83，ICC（1）分别为 0.37 和 0.33，ICC（2）分别为 0.72 和 0.66，符合聚合的基本条件。最终，本研究将团队成员评价的地位稳定性得分聚合得出团队地位稳定性的得分。

社会距离。本研究在 Bogardus（1925）的社会距离量表基础上发展出能够反映出内子团队与外子团队间社会距离的量表，包括"在现团队中，我的子团队很愿意和其他外子团队发展友谊""在现团队中，我的子团队很高兴能够与其他外子团队一起完成工作任务""在现团队中，我的子团队很乐见其他外子团队共谋发展"和"在现团队中，我的子团队成员对其他外子团队成员都非常友好和信任"等 5 个反向题项。信度检验得出 A 型和 B 型的 Cronbach α 系数分别为 0.823 和 0.809。为了检验社会距离聚合的可行性，研究者检验了组内一致性（r_{wg}）与组内相关 [ICC（1）与 ICC（2）]。检验结果显示，A 型和 B 型的 r_{wg} 分别为 0.79 和 0.78，ICC（1）分别为 0.43 和 0.40，ICC（2）分别为 0.76 和 0.71，符合

第 5 章 地位竞争导致的团队断裂与团队创造力实证研究

聚合的基本条件。最终，本研究将团队成员评价的内子团队与外子社会距离得分聚合得出社会距离的得分。

共享目标。本研究采用 Anderson 和 West（1998）关于团队共享目标的权威量表。包括"在现团队中，团队目标非常统一和明确""在现团队中，团队目标非常有用和适当"和"在现团队中，所有成员都高度认同现有的团队目标"等七个题项。信度检验得出 A 型和 B 型的 Cronbach α 系数分别为 0.937 和 0.910。为了检验地位稳定性聚合的可行性，研究者检验了组内一致性（r_{wg}）与组内相关［ICC（1）与 ICC（2）］。检验结果显示，A 型和 B 型的 r_{wg} 分别为 0.90 和 0.88，ICC（1）分别为 0.61 和 0.58，ICC（2）分别为 0.85 和 0.82，符合聚合的基本条件。最终，本研究将团队成员评价的共享目标得分聚合得出团队共享目标的得分。

团队创造力。本研究采用 Drach-Zahavy 和 Somech（2001）关于团队创造力的权威量表。包括"在工作开展过程中，我们团队常常会率先提出新创意和新方法""我们团队常常通过开创新的方法以达成工作目标""我们团队开发新创意或新方法是为了培养创新"和"我们团队会主动发起关于工作开展方式方法的改进"等四个题项。信度检验得出 A 型和 B 型的 Cronbach α 系数分别为 0.870 和 0.853。为了检验团队创造力聚合的可行性，研究者检验了组内一致性（r_{wg}）与组内相关［ICC（1）与 ICC（2）］。检验结果显示，A 型和 B 型的 r_{wg} 分别为 0.80 和 0.77，ICC（1）分别为 0.41 和 0.39，ICC（2）分别为 0.75 和 0.73，符合聚合的基本条件。最终，本研究将团队成员评价的团队创造力得分聚合得出团队创造力的得分。

控制变量。本研究参照以往研究的做法，对那些对前因和结果之间关系存在潜在影响的变量或因素进行了控制，主要包括团队寿命、团队心理安全、性别多样性、教育程度多样性和组织任期多样性等。依据 Pelled 等（1999）以及 Kearney 等（2009）的观点，团队寿命的测量是取值团队所有成员在该团队中的平均年限。团队心理安全采用 Edmondson（1999）开发的量表，包括"在工作中，我们可以大胆自由地表达自己的看法"等七个题项，A 型和 B 型的 Cronbach α 系数分别为 0.831 和 0.799，r_{wg} 分别为 0.75 和 0.71，ICC（1）分别为 0.31 和 0.30，ICC（2）分别为 0.65 和 0.58，符合聚合的基本条件。本研究采用 Blau 指数测量多样性，Blau（1977）的多样性测量公式为 $1 - \sum P_i^2$，其中 P 表示其中一个类型在团队中的比例，i 代表团队中存在的类型数量。在测算多样性指数之前，首先有必要对组织任期等进行分类，其中依据 Kearney 等（2009）等的做法可以将组织任期分为"小于 1 年、1~2 年、2~5 年、5~10 年、10 年以上"五类；性别为男、女两类；教育程度分为"中专及以下、大专、本科、硕士、博士"五类，然后依据上述公式测算出各团队的多样性。

验证性因子分析。本研究对模型各变量的区分效度进行验证性因子分析（CFA）。采用 Amos 19.0 软件。其中 A 型中"地位稳定性、社会距离、团队共享目标、团队创造力"四因素模型（$x^2/df = 2.98$，CFI = 9.4，IFI = 9.3，RMSEA = 0.06）和 B 型中"地位稳定性、社会距离、团队共享目标、团队创造力"四因素模型（$x^2/df = 3.68$，CFI = 9.1，IFI = 9.1，RMSEA = 0.08），均优于其他三因素或两因素模型，说明本研究变量间区分效度良好。

5.4 检验结果

5.4.1 独立样本 T 检验结果

假设 1 的检验过程和结果。对 A 型与 B 型断裂方式分别在团队创造力和社会距离上的均值差异进行独立样本 T 检验。结果如表 5-1 所示，A 型断裂方式在社会距离方面的均值（$M = 1.858, SD = .362$）明显小于 B 型断裂方式在社会距离方面的均值（$M = 2.042, SD = .539$），检验结果显示 A 型与 B 型断裂方式在社会距离上存在统计上的显著差异（$t = $

2.477，$p = .013$），由于前者的影响效应明显小于后者，表明 A 型断裂方式的社会距离明显小于 B 型，H1a 通过检验。同样，结果如表 5-1 所示，A 型团队断裂方式在团队创造力方面的均值（$M = 5.431$，$SD = .521$）明显大于 B 型断裂方式在团队创造力方面的均值（$M = 5.216$，$SD = .882$），检验结果显示 A 型与 B 型团队断裂方式在团队创造力上存在统计上的显著差异（$t = 2.305$，$p = .021$），由于前者的影响效应明显大于后者，表明 A 型断裂方式的团队创造力明显大于 B 型，H1b 通过检验。

表 5-1　团队断裂方式与团队产出独立样本 T 检验分析结果

		团队断裂方式				t 值	p 值
		A 型		B 型			
		均值	标准差	均值	标准差		
团队结果	团队创造力	5.431	.521	5.216	.882	2.305	.021
	社会距离	1.858	.362	2.042	.539	2.477	.013

5.4.2　描述性统计分析

依据前人（Jehn & Bezrukova，2010）的建议，后续数据处理过程将 A/B 型样本事前操控再进行回归检验结果会更强壮。本研究各变量的均值、标准差和相关系数具体见表 5-2 和 5-3。从表 5-2 中可以看出，在 A 型和 B 型中地位稳定性与团队创造力均存在显著的负相关关系，其中 A 型的负相关系数为 $r = -.413(p < 0.01)$。从表 5-3 中可以看出，B 型的负相关系数为 $r = -.516(p < 0.01)$，并且 A 型的负相关程度明显小于 B 型，因此初步支持了假设 2。同样，在 A 型和 B 型中地位稳定性与社会距离均存在显著的正相关关系，其中 A 型的正相关系数为 $r = .113$（$p < 0.05$），B 型的正相关系数为 $r = .345$（$p < 0.05$），A 型的正向影响程度明显小于 B 型，假设 3 得到初步支持。

表 5-2　A 型研究变量均值、标准差和相关系数 （N = 60）

	均值	标准差	1	2	3	4	5	6	7	8
1 任期多样性	.564	.184	1							
2 性别多样性	.375	.135	-.071	1						
3 教育多样性	.402	.228	-.218	.123	1					
4 心理安全	4.864	.481	.015	.072	.169	1				
5 团队寿命	4.679	3.622	-.435**	-.051	.126	-.013	1			
6 社会距离	1.858	.362	-.128	.065	-.271*	-.343**	.119	1		
7 地位稳定性	3.514	.539	-.114	-.045	-.160	-.361**	-.002	.113*	1	
8 共享目标	5.509	.619	.104	.051	-.012	.643**	-.074	-.534**	-.277*	1
9 团队创造力	5.431	.521	-.100	.072	.308*	.454**	.282*	-.539**	-.413**	.540**

注：* 表示 $p < 0.05$，** 表示 $p < 0.01$，*** 表示 $p < 0.001$（双尾）。

第5章 地位竞争导致的团队断裂与团队创造力实证研究

表5-3 B型研究变量均值、标准差和相关系数（N=45）

	均值	标准差	1	2	3	4	5	6	7	8
1 任期多样性	.516	.169	1							
2 性别多样性	.384	.131	-.186	1						
3 教育多样性	.424	.195	-.274	.119	1					
4 心理安全	4.506	.748	-.268	.114	.239	1				
5 团队寿命	4.276	2.451	-.303	-.158	.154	-.307*	1			
6 社会距离	2.042	.539	.158	.058	-.163	-.577**	-.076	1		
7 地位稳定性	3.864	.882	-.051	.178	-.157	-.572**	.035	.345*	1	
8 共享目标	5.076	.896	-.187	.266	.179	.532**	-.137	-.478**	-.073	1
9 团队创造力	5.216	.882	-.178	-.020	.239	.645**	-.175	-.627**	-.516**	.441**

注：* 表示 $p<0.05$，** 表示 $p<0.01$，*** 表示 $p<0.001$（双尾）。

5.4.3 假设检验

本研究采用 SPSS 20.0 软件进行方差分析或分层回归分析，各假设检验具体分析步骤具体如下：

假设 2 和 3 的检验过程和结果。假设 2 预测断裂方式和地位稳定性交互负向影响团队创造力。根据表 5-4 中模型 2a 和 2b 的回归结果分别可以看出，当控制了性别、教育程度和任期多样性以及团队心理安全和团队寿命之后，A 型断裂方式和地位稳定性的交互与团队创造力的负相关关系系数为 $\beta = -.182$ ($p<0.05$)，B 型断裂方式和地位稳定性的交互与团队创造力的负相关关系系数为 $\beta = -.332$ ($p<0.05$)，B 型的负向影响程度明显大于 A 型，因此，假设 2 得到支持。

假设 3 提出团队断裂方式和地位稳定性的交互对社会距离存在正向影响，并且在 B 型的正向影响程度要比 A 型大。根据表 5-4 中模型 4a 和 4b 的回归结果分别可以看出，当控制了性别、教育程度和任期多样性以及团队心理安全和团队寿命之后，A 型断裂方式和地位稳定性的交互与社会距离的正相关关系系数为 $\beta = .064$ ($p<0.05$)，B 型断裂方式和地位稳定性的交互与社会距离的正相关关系系数为 $\beta = .097$ ($p<0.05$)，B 型的正向影响程度明显大于 A 型，因此，假设 3 得到支持。

假设 4 的检验过程和结果。假设 4 预期社会距离中介团队断裂方式和地位稳定性的交互与团队创造力之间关系。根据表 5-4 中模型 5a 的回归结果可以看出，在控制了社会距离后，尽管 A 型断裂方式和地位稳定性的交互与团队创造力的负相关关系仍然显著，但是系数由原来 $\beta = -.182$ ($p<0.05$) 减弱为 $\beta = -.158$ ($p<0.05$)，并且社会距离与团队创造力之间存在显著的负相关关系 ($\beta = -.239$, $p<0.001$)，因此，社会距离部分中介了 A 型断裂方式和地位稳定性的交互与团队

创造力的负相关关系；同样，根据模型5b回归结果发现，在控制了社会距离后，B型断裂方式和地位稳定性的交互与团队创造力的负相关关系不显著（$\beta=-.270$, n.s.），而社会距离与团队创造力之间存在显著的负相关关系（$\beta=-.339$, $p<0.05$），因此，社会距离完全中介了B型断裂方式和地位稳定性的交互与团队创造力的负相关关系。假设4全部得到支持。

假设5和6的检验过程和结果。假设5提出团队共享目标会负向调节团队断裂方式和地位稳定性的交互与社会距离之间的正相关关系，并且团队共享目标在A型中的负向调节幅度要大于B型。从表5-5的模型7a的回归结果可以看出，团队共享目标对A型断裂方式和地位稳定性的交互与社会距离的正相关关系存在显著的负向调节作用（$\beta=-.186$, $p<0.05$），图5-1进一步显示了团队共享目标的调节效果，从图中可以看出，当团队共享目标越高，A型断裂方式和地位稳定性的交互对社会距离的正相关关系减少得越明显，而当团队共享目标越低，A型断裂方式和地位稳定性的交互对社会距离的正相关关系减少得越不明显。同样，从表5-5模型7b的结果发现，团队共享目标对B型断裂方式和地位稳定性的交互与社会距离的正相关关系存在显著的负向调节作用（$\beta=-.053$, $p<0.05$），图5-2进一步显示了团队共享目标的调节效果，从图中可以看出，当共享目标越高，B型断裂方式和地位稳定性的交互对社会距离的正相关关系减弱得越明显，而当共享目标越低，B型断裂方式和地位稳定性的交互对社会距离的正相关关系减弱得越不明显。经过比较上述两种结果发现，无论是从系数上还是调节图（见图5-1和5-2）描绘上，团队共享目标对A型（$\beta=-.186$, $p<0.05$）的负向调节作用均大于B型（$\beta=-.053$, $p<0.05$），因此，假设5得到全部支持。

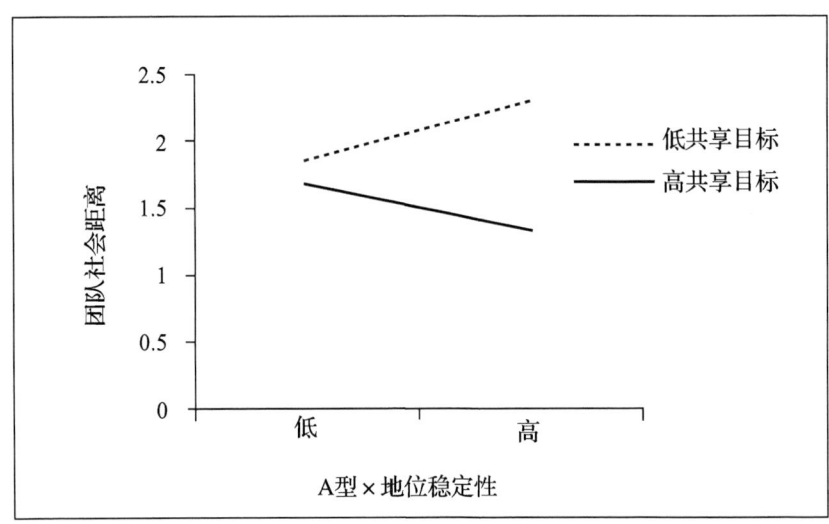

图5-1　团队共享目标对 A 型团队社会距离的调节效应

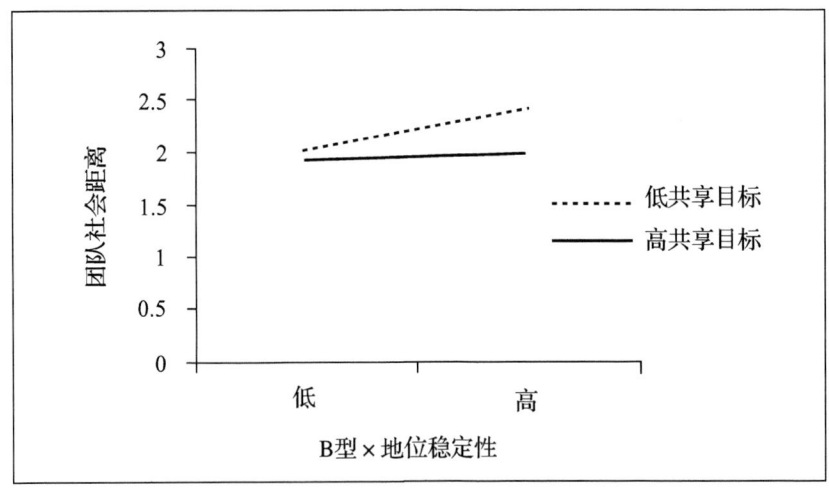

图5-2　团队共享目标对 B 型团队社会距离的调节效应

第5章 地位竞争导致的团队断裂与团队创造力实证研究

表5-4 主效应分层回归分析结果

变量	A型						B型			
	创造力		社会距离		创造力		创造力		社会距离	创造力
	M1a	M2a	M3a	M4a	M5a	M1b	M2b	M3b	M4b	M5b
控制变量										
任期多样性	.197	.067	-.261	-.278	-.113	.034	-.517	-.201	-.040	-.542
性别多样性	.115	.093	.328	.325	.303	-.423	-.109	.441	.349	.111
年龄多样性	.618*	.543*	-.525*	-.535*	.197	.423	.308	.158	.191	.429
心理安全	.438***	.337**	-.218*	-.232*	.188	.681***	.412*	-.569***	-.490***	.102
团队寿命	.041*	.039*	.011	.010	.045*	.012	-.030	-.048	-.035	-.053
自变量										
地位稳定性		-.182*		.064*	-.158*		-.332*		.097*	-.270
中介变量										
社会距离					-.239***					-.339***
R^2	.362***	.425***	.240	.242	.579	.389	.464	.495	.509	.553
ΔR^2		***			.167*					
F	5.889***	6.275***	3.279*	2.713*	9.840***	4.457***	4.907***	6.853***	5.872***	5.835***

注：*表示$p<0.05$，**表示$p<0.01$，***表示$p<0.001$（A型 N=60，B型 N=45）。由于事前操控断裂方式，因而表中地位稳定性项目实为断裂方式和地位稳定性的交互项。

表 5-5 调节效应分层回归分析结果

变量	A 型 社会距离		A 型 团队创造力		A 型 社会距离		B 型 社会距离		B 型 团队创造力	
	M6a	M7a	M8a	M9a	M10a	M6b	M7b	M8b	M9b	M10b
控制变量										
任期多样性	-.226	-.234	.008	.017	-.086	.010	-.018	-.637	-.607	-.617
性别多样性	.343	.276	.073	.146	.267	.466	.399	-.391	-.319	-.102
教育多样性	-.597**	-.591**	.612**	.606*	.347	.210	.153	.264	.325	.408
心理安全	.029	.095	.043	-.029	.013	-.387*	-.376*	.164	.153	-.052
团队寿命	.008	.007	.041*	.043**	.045**	-.029	-.026	-.045	-.049	-.063
自变量										
地位稳定性	.042	.026	-.163*	-.139*	-.101*	.112	.118	-.368*	-.354*	-.310*
调节变量										
共享目标	-.238***	-.277***	.269***	.311***	.190*	-.129	-.132	.310*	.313	.242
交互										
地位稳定性		-.186*		-.202*	-.120		-.053*		-.175*	-.118
共享目标										
中介变量										
社会距离					-.162*					-.292*
R^2	.410*	.474*	.529**	.566	.616**	.530**	.536**	.521**	.524	.586***
ΔR^2		.088*					**			.009**
F	4.960*	5.526**	8.035**	7.998	8.544**	5.326**	4.617***	5.124**	4.397	4.877***

注：* 表示 $p<0.05$，** 表示 $p<0.01$，*** 表示 $p<0.001$（A 型 N=60，B 型 N=45）。由于事前操控断裂方式，因而表中地位稳定性项目实为断裂方式和地位稳定性的交互项。

第 5 章　地位竞争导致的团队断裂与团队创造力实证研究

其中假设 6 提出共享目标负向调节团队断裂方式和地位稳定性的交互与团队创造力之间的关系，并且共享目标在 A 型中的负向调节作用要大于 B 型。从表 5-5 模型 9a 的回归结果可以看出，共享目标对 A 型断裂方式和地位稳定性交互与团队创造力的负相关关系存在显著的负向向调节作用（$\beta = -.202$，$p < 0.05$），图 5-3 进一步显示了共享目标的调节效果，从图中可以看出，当团队共享目标越高，A 型断裂方式和地位稳定性的交互对团队创造力的负相关关系减少得越明显，而当共享目标越低，A 型断裂方式和地位稳定性的交互对团队创造力的负相关关系减少得越不明显。同样，从表 5-4 模型 9b 的结果发现，共享目标对 B 型断裂方式和地位稳定性的交互与团队创造力的负相关关系存在显著的负向调节作用（$\beta = -.175$，$p < 0.05$），图 5-4 进一步显示了共享目标的调节效果，从图中可以看出，当共享目标越高，B 型断裂方式和地位稳定性的交互对团队创造力的负相关关系减少得越明显，而当共享目标越低，B 型断裂方式和地位稳定性的交互对团队创造力的负相关关系减少得越不明显。经过比较上述两种结果发现，无论是从系数上还是调节图（见图 5-3 和 5-4）的描绘上，共享目标对 A 型（$\beta = -.202$，$p < 0.05$）的负向调节作用均大于 B 型（$\beta = -.175$，$p < 0.05$），因此，假设 6 得到全部支持。

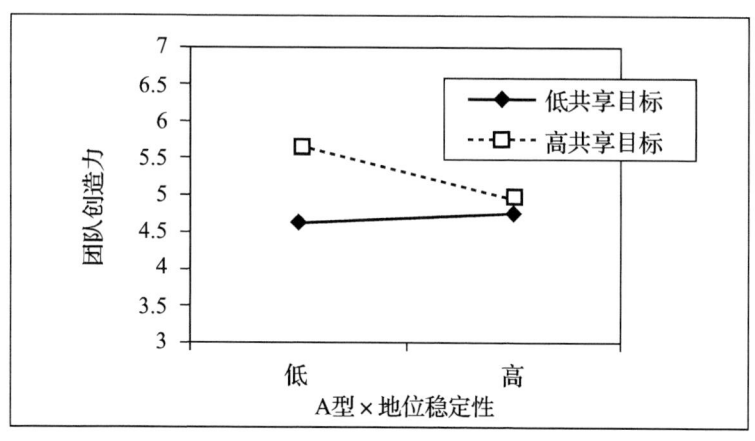

图 5-3　团队共享目标对 A 型团队创造力的调节效应

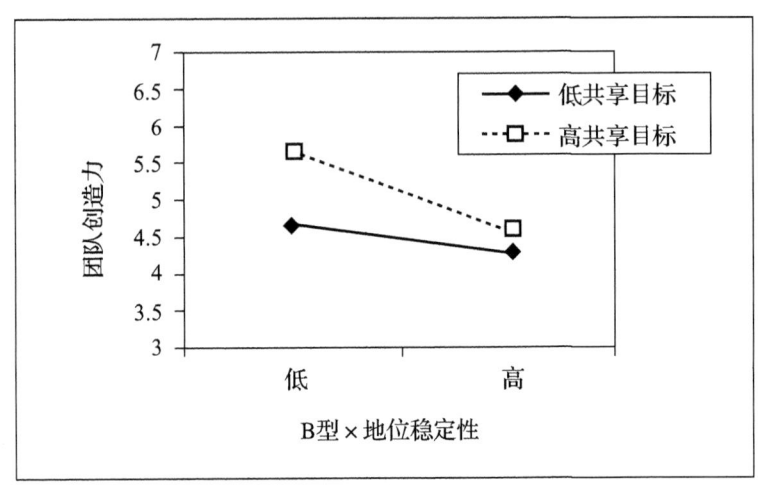

图 5-4　团队共享目标对 B 型团队创造力的调节效应

假设 7 的检验过程和结果。假设 7 提出社会距离中介共享目标负向调节团队断裂方式和地位稳定性的交互与团队创造力之间的负相关关系。从表 5-4 模型 10a 的回归结果可以看出，在增加对社会距离的控制之后，共享目标对 A 型断裂方式和地位稳定性的交互与团队创造力之间的负相关关系存在的负向调节作用不显著（$\beta = -.120$, n.s.），而社会距离和团队创造力存在显著的负相关关系（$\beta = -.162$, $p<0.01$），从中得出团队社会完全中介了共享目标对 A 型断裂方式和地位稳定性的交互与团队创造力之间的负相关关系存在的负向调节作用。进一步比较还可以发现，在社会距离的中介作用下，A 型断裂方式和地位稳定性的交互对团队创造力的相关系数由原来的 $\beta = -.139$（$p<0.05$，M9a）降到 $\beta = -.101$（$p<0.05$，M10a），即共享目标通过降低社会距离减弱 A 型断裂方式和地位稳定性的交互与团队创造力之间的负相关关系。同样，从模型 10b 的回归结果可以看出，在增加对社会距离的控制之后，共享目标对 B 型团队断裂方式和地位稳定性的交互与团队创造力之间的负相关关系存在的负向调节作用不显著（$\beta = -.118$, n.s.），而社会距离和团队创造力存在显著的负相关关系（$\beta = -.292$, $p<0.05$），从中得出团

队社会完全中介了共享目标对 B 型断裂方式和地位稳定性的交互与团队创造力之间的负相关关系存在的正向调节作用。进一步比较还可以发现，在社会距离的中介作用下，B 型断裂方式和地位稳定性的交互对团队创造力的相关系数由原来的 $\beta = -.354$（$p < 0.05$，M9b）降低到 $\beta = -.310$（$p < 0.05$，M10b），即共享目标通过降低社会距离减弱 B 型断裂方式和地位稳定性的交互与团队创造力之间的负相关关系。相比而言，B 型减弱的幅度大于 A 型而因此假设 7 全部得到支持。

5.5 本章小结

本研究以 A 型 60 个团队 425 名成员和 B 型 45 个团队 287 名成员的数据为样本，实证考察了不同团队断裂方式在团队创造力和社会距离方面存在的差异，团队断裂方式和地位稳定性的交互对团队创造力的影响效应和作用机制，其中社会距离具有中介作用，共享目标具有调节作用。假设支持情况如下所述：

（1）不同类型断裂方式的团队创造力和社会距离存在明显差别，其中 A 型团队创造力明显大于 B 型，而 B 型社会距离明显大于 A 型，假设 1 全部得到支持。

（2）A 型和 B 型断裂方式和地位稳定性的交互对团队创造力的负向影响程度存在明显差别，其中 B 型的负向影响程度要大于 A 型。假设 2 全部得到支持。团队断裂方式不同，A 型和 B 型断裂方式分别和地位稳定性的交互正向影响社会距离的程度存在明显差别，其中 B 型的正向影响程度要大于 A 型。假设 3 全部得到支持。

（3）社会距离的中介作用。具体而言，社会距离部分中介 A 型断裂方式和地位稳定性的交互与团队创造力之间关系，完全中介 B 型断裂方式和地位稳定性的交互与团队创造力之间关系。假设 4 全部得到支持。

(4) 共享目标的调节作用。具体而言，团队断裂方式不同，共享目标负向调节 A 型和 B 型断裂方式与地位稳定性的交互和社会距离之间的正相关关系的程度存在明显差别，其中在 A 型中的负向调节程度要大于 B 型。假设 5 全部得到支持。团队断裂方式不同，共享目标负向调节 A 型和 B 型断裂方式与地位稳定性的交互和团队创造力之间关系的程度存在明显差别，其中在 A 型中的负向调节作用要大于 B 型。假设 6 全部得到支持。

(5) 社会距离中介共享目标负向调节 A 型和 B 型断裂方式与地位稳定性的交互和团队创造力之间的负相关关系。具体而言，高共享目标通过降低社会距离减弱 A 型和 B 型断裂方式与地位稳定性的交互对团队创造力的负向影响。假设 7 全部得到支持。

第 6 章 研究结论与讨论

6.1 研究结论

本研究综合运用质化研究和实证研究方法，深入系统地探讨和检验了地位竞争导致的团队断裂方式对团队创造力的影响效应、作用机制和应用边界，并得出如下重要结论：

（1）通过质化研究发现组织中存在 A 型和 B 型两种不同的团队断裂方式。具体而言，团队中高地位成员对低地位存在高依赖性且高—低地位成员地位目标高异质性使得团队发生横向分化纵向统整，将团队分化成两个及两个以上的子团队（A 型断裂）；而团队中高地位成员对低地位存在低依赖性且高—低地位成员地位目标高同质性使团队发生纵向分化横向统整，将团队分化成两个及两个以上地位层级较为单一的子团队（B 型断裂）。高—低地位成员间的高异质性和相依性导致团队发生横向分化纵向统整，即 A 型断裂方式；高—低地位成员间地位目标高同质性和低相依性导致团队发生纵向分化横向统整，即 B 型断裂方式。从而拓展了团队断裂带的相关内容，为将来其他学者更深入探讨团队断裂带及其影响效应提供了新的构念、研究思路和研究视角。这是本研究的第一个重要发现。

（2）研究结果表明，在探讨团队断裂带及其影响效应时有效区分团队断裂方式是开展相关研究的必要前提。本研究从团队断裂方式入手进行探讨，不仅有效中和了以往研究结论存在的不一致性，并且进一步表明区分团队断裂方式具有极为重要的理论意义。一方面，通过独立样本T检验比较结果发现，不同的团队断裂方式的团队创造力和社会距离存在明显差别。具体而言，A型断裂的团队创造力明显大于B型，而B型断裂的社会距离明显大于A型，这表明不同的团队断裂方式对团队结果的影响效应存在明显差别。另一方面，研究结果还发现，A型和B型断裂方式分别和地位稳定性的交互对团队创造力和社会距离的影响程度存在明显差别。尽管A型和B型断裂方式与地位稳定性的交互均是负向影响团队创造力，但是B型的负向影响程度明显大于A型；尽管A型和B型断裂方式和地位稳定性的交互均是正向影响社会距离，但是B型的正向影响程度明显大于A型。上述研究结论表明，以往研究关于团队断裂带对团队创造力的影响效应的研究结论存在较大争议的根本原因在于它们忽视了团队断裂方式的重要意义。本研究通过区分不同的断裂方式，使研究更加深入、系统和全面，研究结论更加强壮。

（3）社会距离的中介作用。首先，社会距离中介团队断裂方式和地位稳定性的交互与团队创造力之间的关系。研究结果发现，社会距离部分中介A型断裂方式和地位稳定性的交互与团队创造力之间的关系，完全中介B型断裂方式和地位稳定性的交互与团队创造力之间的关系。其次，社会距离中介共享目标负向调节团队断裂方式和地位稳定性的交互与团队创造力之间的负相关关系。无论是在A型还是B型团队中，共享目标均是通过降低社会距离减弱团队断裂方式和地位稳定性的交互对团队创造力的负向影响程度。因此，本研究基于社会距离理论的研究视角有效揭开了团队断裂方式对团队创造力的中介机制，弥补和完善了以往研究存在的不足，为今后进一步研究探讨团队断裂带及其影响机制提供了新的理论视角和思路,这是本研究的第三个重要结论。

(4) 团队领导通过设置高共享目标能够收获更高的团队创造力。首先,研究结果发现共享目标越高越有利于促进团队创造力,其中在 A 型断裂团队的积极意义优于 B 型,而共享目标越低对团队创造力的提高越不明显。团队断裂方式不同,共享目标负向调节团队断裂方式和地位稳定性的交互对团队创造力的负向影响程度存在明显差别,其中在 A 型中的负向调节程度要大于 B 型。其次,共享目标越高越能有效缩小社会距离提高团队创造力,其中在 A 型的效果要明显优于 B 型,而共享目标越低缩小社会距离提高团队创造力的效果越有限。团队断裂方式不同,共享目标负向调节团队断裂方式和地位稳定性的交互对社会距离的正向影响的程度存在明显差别,其中在 A 型的负向调节作用要大于 B 型。另外,研究结果还表明,共享目标通过改变 A 型和 B 型团队的社会距离改变团队创造力,具体而言,共享目标越高 A 型和 B 型团队的社会距离缩小程度越大团队创造力提高的幅度也越大,共享目标越低 A 型和 B 型团队的社会距离缩小程度越小团队创造力提高的幅度也越小。因此本研究为组织提高团队创造力提供了理论依据和实践指导,这是本研究的第四个重要结论。

6.2 理论贡献

本研究对团队断裂带、子团队、地位竞争和多样性等相关研究领域做出了重要的理论贡献。以往研究在探讨团队断裂带及其影响时主要从团队断裂强度、断裂状态和子团队数量等方面进行探讨,忽视了团队断裂方式的重要意义。本研究通过质化研究和实证研究,系统全面地检验了地位竞争导致的团队断裂方式对团队创造力的影响效应,深入探讨其影响机制以及如何才能帮助团队收获更高的团队创造力的问题。本研究的理论贡献主要体现在以下几个方面：

首先，本研究通过质化研究率先构建并提炼出两种地位竞争导致的团队断裂方式的新构念：A 型和 B 型，为今后更进一步探讨团队断裂带、子团队形成、高地位群体成员地位竞争及其影响等方面奠定了坚实的理论基础。质化研究结果发现，成员地位竞争导致团队出现横向分化纵向统整使团队被划分成两个及两个以上的子团队，各子团队中成员的地位层级存在较大地位差，本研究称之为 A 型断裂方式，将其子团队称之为 A 型子团队。而基于地位维护导向，导致团队出现纵向分化横向统整使团队被划分成两个及两个以上的子团队，各子团队中成员的地位层级相同或相近，成员间存在较小的地位差，本研究称之为 B 型断裂方式，并将其子团队称之为 B 型子团队。以往的研究中有学者发现并证实了一些其他类型的子团队，例如 Carton 和 Cummings（2012）基于前人研究的基础上总结提炼出普遍存在于工作团队中的三种不同类型的子团队：基于认同的、基于资源的和基于知识的子团队。但是，至今未有研究从团队层面探讨高地位群体成员主观地位竞争导致的团队断裂带及其影响效应。本研究首次通过质化研究将团队内部成员由于地位竞争导向和地位维护导向而结盟形成的子团队分别称之为 A 型子团队和 B 型子团队，并进一步证实这两种不同的断裂方式对团队创造力和社会距离存在明显差别，初步验证了团队断裂方式与团队断裂强度、断裂状态和子团队数量相比具有更大的研究意义的设想。地位竞争导致的团队断裂方式构念的提炼也为今后其他学者进一步探讨团队断裂带和子团队的形成及其影响等相关研究提供了有力的理论支持。另外，本研究的质化研究结论还发现，团队中的成员在某些基本层面上存在较高程度的互依性，以及成员间具有某些共同的偏好（同质性/异质性），极易导致团队断裂和子团队的形成，这一结论与以往其他学者（Carton & Cummings, 2012; Lau & Murnighan, 1998）认为子团队的形成必须具备的基本条件相一致。

本研究通过质化研究发现，不仅地位目标多样性是导致团队发生地位竞争导致的团队断裂方式的主要原因之一，团队成员地位目标的同质性也是导致团队发生地位竞争导致的团队断裂方式的重要因素之一，关键取决于高地位成员实现地位目标的需要，即联盟对象是否具有较高的工具性的特征。一方面，这一发现是对团队断裂带理论的补充和完善；另一方面，这也是对以往关于地位的非对称性依赖观点（Fiske，1993；Magee & Smith，2013）的进一步发展和完善。以往研究认为高地位个体对低地位成员产生较少的依赖而低地位个体会对高地位成员产生较高的依赖性（Emerson，1962；Fiske & Berdahl，2007）。但是本研究发现，高—低地位成员之间的互赖程度关键取决于高地位成员实现目标的需要，高地位成员间既可能存在高互赖性又可能存在低互赖性，低地位成员间既可能存在高互赖性又可能存在低互赖性，高低地位成员间既可能存在高互赖性又可能存在低互赖性，上述三种情况的发生与否关键是取决于高地位成员实现地位目标是否需要联盟对方增强竞争力或提高抗风险的能力，以及对方所具有的工具性等。因此，本研究不仅突破了以往关于团队断裂带形成的约束条件的局限性，而且还发展和完善了地位/权力的非对称性依赖理论的相关内容，为今后更深入探讨团队断裂带及其影响后果提供了新的研究思路和理论基础。另外，质化研究结论与 Umphress 等（2007）的观点认为的无论是低地位还是高地位成员都更加欢迎与自己存在相似性的其他高地位成员的结论存在不一致性，本研究发现，在面对高地位群体的地位严重封锁时，低地位子群体具有更高的内群体偏好和外群体歧视。

另外，本研究还对地位相似性会产生相似性吸引还是竞争排斥做出了一定的理论解释。质化研究结果表明，如果相似性成员间对相同/相似的地位资源/目标存在激烈的竞争，那么成员间会产生竞争排斥；反之，如果相似性成员间不存在对相同/相似的地位资源的激烈竞争，则成员间极可能会产生相似性吸引（e.g.，Gause，1936；Pearce，2011）。二是如果相似性成员实力比较弱小/不够强大，为了防范地位风险提高对抗力需要通过人际互赖实现既定地位目标，则实现目标的重要意义导致了所谓的相似性吸引（Shaw et al.，2000；Metiu，2006），这种相似性吸引是由共同利益导致的，共同利益一旦消失，这种相似性吸引也可能会消失。从而补充和发展了资源保存理论和相似性吸引理论的观点。

其次，研究结果表明，从团队断裂方式入手探讨团队断裂带及其影响效应具有十分重要的理论意义，给断裂带领域的其他学者今后如何能够更有效地开展相关研究带来重要启示。实证研究结果表明，通过建构并有效区分团队断裂方式能够充分了解不同类型子团队的构造特征、影响因素、本质特征、互动方式和需求，从而有效避免单纯从团队断裂强度、断裂状态、子团队数量或子团队均匀度等角度笼统地探讨团队断裂带及其影响效应存在的缺陷。在开展研究过程中能够有效避免混淆不同地位结构特征、性质和目标需求的子团队，有效区分不同断裂方式下各类型子团队的本质特征，有机兼顾团队断裂方式和内容，使得研究的问题更加全面、具体和深入。以往研究由于仅仅局限于从团队断裂强度（Bezrukova et al.，2016；Bezrukova et al.，2012；Lau & Murnighan，2005；韩立丰，王重鸣，2010）、断裂状态（Jehn & Bezrukova，2010；Pearsall et al.，2008；Rink & Jehn，2010；刘新梅等，2015）、子团队的数量或均匀度（Carton & Cummings，2012；倪旭东等，2015；谢小云等，2012）等方面考察团队断裂带对团队创造力或绩效产出的影响，忽视了团队断裂方式及其内容的重要意义，必然导致以往研究结论存在较大的不一致性（Barkema & Shvyrkov，2007；Ellis et al.，2013；Hoever et al.，2012；卫旭华等，2015）。本研究通过区分不同的团队断裂方式，经过综合扎根理论分析和分层回归检验，使人清楚团队断裂方式不同，地位竞争导致的团队断裂带对团队创造力的影响效应会存在明显差别，具体而言，A 型断裂的团队创造力明显高于 B 型。另外，研究结果还发现，A 型和 B 型断裂方式和地位稳定性的交互对团队创造力的影响程度存在明显差别，其中 B 型断裂方式和地位稳定性的交互负向影响团队创造力的程度要大于

A型。总体而言，B型断裂方式与地位稳定性交互对团队创造力的负向影响程度要大于A型。上述结论充分表明，通过有效区分不同的断裂方式深入探讨团队断裂带与团队创造力之间的关系能有效中和以往研究结论中存在的不一致性。因此，本研究的研究视角和思路对将来的相关研究具有极其重要的借鉴和启发。

研究结果还发现，团队断裂方式不同社会距离存在较大差别，该研究结论进一步发展和深化了团队断裂带和地位竞争的相关理论内容。具体而言，B型断裂方式和地位稳定性的交互正向影响社会距离的程度要大于A型。一般情况下，B型断裂团队中高地位子团队与低地位子团队本身存在的地位"鸿沟"要明显大于A型团队中子团队间的身份凸显性，随着地位稳定性不断提高，在B型团队中纵向分化横向统整以及在A型团队中横向分化纵向统整的强度不断增加，子团队间的合作意愿不断降低冲突意愿不断增强，社会距离会逐渐扩大。不过，总体而言，B型断裂方式正向影响社会距离的程度要明显大于A型。另一方面，这一研究结论还表明，在子团队边界渗透性低的情况下，其中尤其是高-低地位子团队边界渗透性低的情况下，比如高的地位稳定性情况下，更加不利于内子团队和外子团队间的合作和良性互动培养亲密的社会关系。但是当地位稳定性越低，子团队边界可渗透性越强，越有利于促进内子团队和外子团队间的合作和互动。其中，团队中各子团队中存在多种地位层级或者存在较大地位差的情况下，与那些团队中各子团队中由单一地位层级构成或地位差较小的情况下相比，前者更有利于改善子团队间的关系质量拉近彼此之间的社会距离。上述研究结论表明，在发生地位维护导致的团队断裂情况下，高的地位稳定性不利于子团队间的社会距离的缩小和团队创造力的提高，因而应增加低地位子团队的地位晋升机会以及应给予高地位子团队保持一定的外部竞争压力，使团队维持较高的竞争活力，有利于提高团队创造力。本研究结果还发现，无论是A型或是B型断裂团队，高的地位稳定性均不利于提高团队创造力。而以往研究主要探讨地位稳定性对高地位个体成员的影响，认为高的地位稳定性有利于高地位成员维护地位，不利于低地位个体成员竞争地位，相反，低的地位稳定性对低地位成员竞争地位有利对高地位成员维护地位不利（Nadler & Halabi, 2006; Saguy & Dovidio, 2013），但是关于什么样的地位稳定性会对整体团队绩效比较有效的相关研究极少。由于以往研究忽视了从团队层面的考察，忽视了团队断裂方式的重要意义，以及不同类型子团队的地位竞争导向的差异，使得以往关于地位稳定性的相关研究结论存在一定的局限性。因此，本研究结论补充和完善了关于地位稳定性的相关理论和内容。另外，该研究结论不仅与 Park 和 Burgess（1969）关于成员地位差异决定社会距离的大小的观点基本一致，而且还进一步支持自我类化和社会认同理论的观点，即子团队内部成员很难将其他外子团队视为同一个团队（Carton & Cummings, 2012; Hogg & Terry, 2000; 卢国显, 2006）。

第四，社会距离的中介作用。本研究首次从社会距离视角探讨团队断裂方式与团队创造力之间存在的中介机制，通过充分考察内子团队和外子团队间社会互动的两个方面合作和冲突的有机体——社会距离，从中揭示团队断裂带和团队创造力之间存在的作用机制。质化研究和实证研究结果均表明，社会距离是团队断裂方式和地位稳定性交互作用于团队创造力的中介。另外，实证研究结果还发现，共享目标调节团队断裂方式和地位稳定性的交互与团队创造力之间的关系也被社会距离所中介。这些证据充分表明，社会距离是团队断裂带与团队创造力之间的主要中介机制之一。以往研究主要从社会认同理论、自我分类理论、相似性吸引理论（Lau and Murnighan, 1998; 2005）、分类加工理论（e.g., Homan et al., 2007a; van Knippenberg et al., 2011）、最佳区别性理论（Brewer, 1991; Pickett & Brewer, 2001）和跨分类模型（Bezrukova et al., 2009; Zanutto, Bezrukova & Jehn, 2010）等视角探讨团队断裂带与团队创造力或团队绩效的作用机制，通常将冲突和合作割裂开来进行探讨，并且忽视了对内子团队和外子团队间的社会互动的探讨。本研究通过考察团队社会距离——内子团队和外子团队间的社会关系和亲密程度（Carton & Cummings, 2012; Hogg & Terry, 2000; 卢国显, 2006），有机地将内子团队和外子团队间地位竞争的两个互动面地位合作和地位冲突综合进行探讨，因此，社会距离的中介作用所具有的理论意义与以往研究发现的其他中介机制相比而言要更加全面、生动和深刻。另外，本研究还进一步拓展了社会距离理论的应用范围，将社会学领域相关理论超传桥接到组织行为学理论研究领域，赋予了该理论新的生命力。

最后，研究结果还发现，在竞争释放的情况下更有利于提高团队创造力，在竞争不释放的情况下不利于提高团队创造力。研究结果发现，在断裂的团队中高共享目标能够带来更高的团队创造力，这一结论表明，共享目标越高内子团队与外子团队间的竞争越释放，在这种情境之下能够有效提高成员的创新积极性和团队创造力；但是，在竞争不释放的情况下，比如在低共享目标情况下，内子团队和外子团队间的地位竞争是一种"零和"的游戏，会抑制成员的创造性，不利于提高团队创造力。在高共享目标情况下，依据权力的情景聚焦理论的观点（e.g., Guinote, 2007; 2010），由于不同子团队及其成员都能够从中获得较大的利益实现共赢，内子团队和外子团队会进行自我调节改善与外部成员的社会关系，子团队间的冲突降低而合作意愿增强，有利于提高团队创造力。研究结果发现，高共享目标能够明显减弱团队断裂方式和地位稳定性的交互对团队创造力的负向影响效应，而低共享目标对团队断裂方式和地位稳定性的交互对团队创造力的负向影响效应的调节作用不明显，因此，团队领导可以通过设置高共享目标收获更高的团队创造力。另一方面，研究结果还表明高共享目标能够明显减弱团队断裂方式和地位稳定性的交互对社会距离的正向影响效应，即高共享目标能有效缩小社会距离提高团队创造力。尽管共享目标对两种不同的断裂方式的团队创造力均具有积极的促进作用，不过相比较而言，共享目标在A型的负向调节作用要比

B 型更明显。因此，该研究结论为团队管理实践提供了较为可操作性的理论指导。本研究通过将共享目标纳入探讨，研究结果间接表明团队领导的重要作用，有效支持了 Gratton 等（2011）、韩立丰和王重鸣（2011）以及倪旭东等（2015）学者关于在断裂团队中应充分发挥团队领导的作用的建议。同时，本研究结论也与 Kozlowski 和 Bell（2003）以及 West（1990）所预测的关于共享目标对团队创造力或效能存在积极影响的观点相一致。总之，将共享目标纳入探讨使得组织清楚"什么样的管理思路可正向推动团队有效性"。

此外，截至目前，本研究是率先探讨和实证考察主观因素导致的团队断裂带及其影响的极个别代表研究之一。因此，本研究也是一次大胆的学术尝试。以往研究主要探讨客观因素引起的团队断裂带（Bezrukova et al., 2016; Thatcher & Patel, 2011; Lau & Murnighan, 2005）、激活的团队断裂带（Jehn & Bezrukova, 2010; Pearsall et al., 2008; Rink & Jehn, 2010）或个体感知到的团队断裂带（Greer & Jehn, 2007; Homan & Greer, 2013），但是极少有研究探讨主观因素导致的团队断裂带及其影响后果（Shemla et al., 2016）。本研究探讨地位竞争导致的团队断裂带及其影响属于典型的个体主观因素导致的团队断裂带，对于开展这一类型的研究，首先需要有效界定其构念，把握其影响因素，了解子团队的性质/导向，然后将断裂方式和内容有机结合，最终才能充分揭示这种团队断裂带及其影响效应的本质。因此，本书的研究方法、探索模式和思路为今后其他学者进一步开展类似研究提供了宝贵的经验。

6.3 实践意义

本研究探讨地位竞争导致的团队断裂方式对团队创造力的影响，通过考察和比较 A 型和 B 型断裂方式及其和地位稳定性的交互对团队创造力的影响，以及共享目标的调节作用，研究结果对于如何提高团队创造力和效能提供了一些具有可操作性的管理启示。

首先，导致 A 型和 B 型断裂方式发生的最主要原因是相似的高地位群体成员间存在地位资源竞争/维护导致竞争排斥/相似性吸引。竞争排斥假说认为（e.g., Gause, 1936），生物群落中两种生物是不可能占有完全相同的生态位，由于它们存在激烈的资源竞争，必然导致一种物种胜出而另一种物种被排除。因此，解决问题有两种途径：一种情况是高地位群体成员间的竞争释放（e.g., Abramsky & Sellah, 1982）。在组织中当相似性成员间不存在对同一种地位资源的激烈竞争时，人人通过努力达到标准均可以获得地位晋升，这将有利于增强团队内部成员间的亲密程度缩小社会距离，使原本排斥类的相似性转变为吸引类相似性，从而提高团队创造力。另一种情况是成员发生性状改变（e.g., Hardin, 1960）。在组织中当相似性成员由原本相同的需求变为差异化，成员的性状也随之发生了改变。例如原来成员都偏好竞争高正式地位，由于高正式地位的稀缺性，无法满足所有成员的需求，如果成员充分认识到这个现实并对需求及时进行调整，使自己的性状发生改变，于是有的人转为追求高非正式地位，而有的人追求高经济地位等其他方面，使得成员之间的需求差异化，不再存在对相同地位资源的直接竞争，从而成员间可以友好共存化干戈为玉帛，使原本排斥类的相似性转变为吸引类相似性，最终有效提高团队创造力。

其次，充分发挥团队领导的作用，重视共享目标的激励效应。研究发现，无论是在 A 型还是在 B 型团队中，高共享目标均能有效提高团队创造力。这对指导团队领导通过设置具备高明确性、前瞻性、可实现性和共享性特征的团队目标（West, 1990）提高团队创造力具有十分重要的实践指导意义。让组织管理者明白无论是发生 A 型还是 B 型团队断裂如何才能收获更高的团队创造力，其中尤其是对于 A 型而言效果会更加理想。另外，对于 B 型团队，除了共享目标的引导，团队领导还需要探讨共享目标与其他模式的交互，比如从价值观方面加强对高-低地位子团队成员进行沟通和引导，使团队愿景和二者的价值观能够达到高度的一致性，这将会大大提高团队的创造力。

6.4 研究不足

本研究也存在一定的不足。首先，在第四章质化研究中，尽管通过扎根理论分析探讨了团队断裂方式的影响因素模型，但并未针对该影响因素模型做进一步的实证检验。未来研究可以收集问卷数据对该模型做进一步的实证检验。

其次，本研究探讨了团队断裂方式和地位稳定性的交互对团队创造力的影响效应及其作用机制，从中考察并比较 A 型和 B 型断裂方式存在的差异，但并未能直接比较检验 A 型和 B 型断裂方式不同的团队断裂强度对团队创造力的影响效应，这主要是囿于至今缺少测量主观因素导致的团队断裂强度的行之有效的方法（Meyer & Glenz, 2013；韩立丰，王重鸣，2010；倪旭东等，2015）。未来，随着测量方法的不断发展和完善，其他学者可以通过测量团队断裂强度直接比较这两种不同断裂方式下地位竞争导致的团队断裂带对团队创造力的作用机制及其影响效应。本书未来研究部分将对此做进一步阐述。

最后，本研究问卷数据收集为同一个阶段，未来可以考虑两阶段数据。具体而言，第一阶段收集断裂方式、地位稳定性、共享目标、社会距离和其他控制变量的相关数据，第二阶段收集团队创造力和社会距离等方面的数据。另外，将来还可以考虑让组织提供团队创造力的客观数据等。

6.5 未来研究方向

未来可从多个方面更进一步探讨地位竞争导致的团队断裂带与团队创造力的议题。第一，今后可以进一步探讨其他潜在的中介机制。一方面，由于 A 型断裂方式产生的子团队是地位竞争导向，而 B 型断裂方式产生的子团队是地位维护导向。不同的地位竞争导向对团队创造力的影响机制将会存在明显差别（刘智强等，2013），因此，未来研究可以从地位竞争的理论视角进一步探讨其中介机制。另一方面，未来研究还可以区分比较不同类型子团队测量的社会距离的情况。例如，在 B 型团队中，高地位子团队和低地位子团队报告的社会距离水平可能存在较大差别，本研究是采用均值的方式，今后的研究也可以低地位或高地位子团队报告的结果或者二者之间的差值作为中介。

第二，影响团队断裂带与团队创造力之间关系的其他潜在的调节机制可以进一步探讨，比如子团队均匀度、子团队数量、子团队之间的纽带、知识流动方式、聚焦关系的领导力、聚焦任务领导力和领导风格等。Nishii 和 Goncalo（2008）以及 Hart 和 Van Vugt（2006）推测认为，子团队均匀度极可能影响团队断裂带与团队创造力之间的关系。无论是 A 型还是 B 型团队，各子团队的人数规模对团队断裂方式与团队创造力之间的调节效应可能存在较大差别，有待进一步探讨。关于子团队规模方面，Carton 和 Cummings（2013）预测认为，存在两个子团队的团队绩效与其他数量子团队或者无断裂团队相比其绩效都要更低，但是在 A 型和 B 型团队还未进行过实证检验，有待今后进一步探讨检验。Heidl 等（2014）预测认为，如果团队内部各子团队之间存在关系纽带，比如内子团队成员与外子团队成员存在交往或深厚友情可能会有效缩小社会距离提高团队创造力，因此，本研究预测子团队间的纽带可能会减弱团队断裂方式和地位稳定性的交互对团队创造力的负向影响。关于聚焦任务的领导力和聚焦关系的领导力，本研究预测认为，对于 A 型断裂团队，早期聚焦任务的领导力比较有助于提高团队创造力，但是随着子团队间的地位竞争越来越激烈，聚焦关系的领导力的负向调节作用会越来越明显，越来越有助于提高团队创造力；而对于 B 型团队，聚焦关系的领导力的调节作用会更加明显，而聚焦任务的领导力的调节效应很可能会不那么显著。不过这些方面的设想都还有待将来进一步实证检验。另外，关于团队领导风格问题，有研究（Gratton et al., 2011；倪旭东等，2015）预测团队领导会激活潜在的断裂带，增强或减弱已有团队断裂强度，从而对团队创造力产生影响。比如集权型领导风格可能对 A 型团队比较有效，因为集权型领导能够将不同子团队统一起来，提高团队协作和团队创造力；而变革型领导风格可能对 B 型团队的创造力可能会更加有利，变革型领导鼓励打破常规，会使高地位成员感到一定的外部压力，同时也让所有成员均获得发展的机遇。不过，这些方面的研究还有待今后进一步探讨。

第三，未来研究可以进一步探讨地位合法性对团队断裂方式和地位稳定性的交互与团队创造力之间关系的调节作用。本研究预测认为，在 A 型断裂团队中，合法性会负向调节 A 型断裂方式与地位稳定性交互与团队创造力之间关系；但是，在 B 型团队中，合法性使正向或负向调节断裂方式与地位稳定性的交互与团队创造力之间的关系可能存在诸多的不确定性。不过，这一方面的比较研究有待将来进一步探讨。另外，还可以比较探讨向上地位不稳定和向下地位不稳定的影响效应（Caricati & Monacelli, 2012）。

第四，未来研究可以通过实验操控两种不同的断裂方式及其断裂强度进一步检验本研究的理论模型，具体通过设置操控 A 型和 B 型断裂方式及其断裂强度，进一步比较探讨这两种断裂方式对团队创造力的影响效应及其差别。

第五，未来还可以进一步比较探讨 A 型和 B 型断裂方式对个体创造力的影响。本研究仅仅比较探讨这两个不同风格的断裂方式对团队创造力的影响效应,关于二者对个体创造力的影响机制未做探讨,建议其他学者在今后可以基于社会距离视角做进一步探讨。本研究预测,随着社会距离的扩大,团队断裂方式对个体创造力存在负向影响,并且二者之间关系被社会距离中介,不过比较而言,B 型断裂方式对个体创造力的负向影响程度可能会大于 A 型断裂方式。

最后,关于主观感知到的团队断裂强度的测量问题。至今,关于团队断裂强度/距离的处理方法主要还是通过客观指标测量客观断裂带的断裂强度/距离,学术界至今还没有找到对主观因素造成的团队断裂带断裂强度/距离的行之有效的测量方法(倪旭东等,2015)。未来研究可以重点探讨这一方面的测量问题,如果在这个方面能够取得重大突破,将会大大推动团队断裂带和子团队相关领域的研究与发展。

参考文献

[1] Abrams, D., Wetherell, M., Cochrane, S., Hogg, M. A., & Turner, J. C. (1990). Knowing what to think by knowing who you are: Self-categorization and the nature of norm formation, conformity and group polarization[J]. British Journal of Social Psychology, 29(2): 97-119.

[2] Abramsky, Z., & C. Sellah (1982). Competition and the role of habitat selection in Gerbillus allenbyi and Meriones tristrami: a removal experiment. Ecology: 1242-1247.

[3] Aime, F., Humphrey, S., DeRue, D. S., & Paul, J. B. (2014). The riddle of heterarchy: Power transitions in cross-functional teams[J]. Academy of Management Journal, 57(2): 327-352.

[4] Anderson, C., Hildreth, J. A. D., & Howland, L. (2015). Is the Desire for Status a Fundamental Human Motive? A Review of the Empirical Literature. [J]Psychological Bulletin. Advance online publication. http://dx.doi.org/10.1037/a0038781.

[5] Anderson, N. R., & West, M. A. (1998). Measuring climate for work group innovation: development and validation of the team climate inventory[J]. Journal of organizational behavior, 19(3): 235-258.

[6] Bargh, J. A., Raymond, P., Pryor, J. B., & Strack, F. (1995). Attractiveness of the underling: An automatic power-sex association and its consequences for sexual harassment and aggression[J]. Journal of Personality and Social Psychology, 68: 768-781.

[7] Barkema, H. G., & Shvyrkov, O. (2007). Does top management team diversity promote or hamper foreign expansion? [J]. Strategic Management Journal, 28(7): 663-680.

[8] Baer, M., Leenders, R. A. J., Oldham, G., & Vader, A. K. (2010). Win or Lose The Battle for Creativity: The Power and Perils of Inter Group Competition[J]. Academy of Management Journal, 53(4): 827-845.

[9] Bartel, C. A. (2001). Social comparisons in boundary-spanning work: Effects of community outreach on members' organizational identity and identification[J]. Administrative Science Quarterly, 46(3): 379–413.

[10] Bastian, B., Lusher, D., & Ata, A. (2012). Contact, evaluation and social distance: Differentiating majority and minority effects[J]. International Journal of Intercultural Relations, 36(1): 100–107.

[11] Bendersky, C., & Hays, N. A. (2012). Status conflict in groups[J]. Organization Science, 23(2): 323–340.

[12] Bezrukova, K., & Jehn, K. A.. (2003). Examining ethnic faultlines in groups: A multimethod study of demographic alignment, leadership profiles, coalition formation, intersubgroup conflict and group outcomes. In 16th Annual IACM Conference Melbourne, Australia.

[13] Bezrukova, K., Jehn, K. A., Zanutto, E. L., & Thatcher, S. M. (2009). Do workgroup faultlines help or hurt? A moderated model of faultlines, team identification, and group performance[J]. Organization Science, 20(1): 35–50.

[14] Bezrukova, K., Spell, C. S., & Perry, J. L. (2010). Violent splits or healthy divides? Coping with injustice through faultlines[J]. Personnel Psychology, 63(3): 719–751.

[15] Bezrukova, K., Spell, C. S., Caldwell, D., & Burger, J. M. (2016). A Multilevel Perspective on Faultlines: Differentiating the Effects Between Group-and Organizational-Level Faultlines[J]. Journal of Applied Psychology, 86–107.

[16] Bezrukova, K., Thatcher, S. M., & Jehn, K. A. (2007). Group heterogeneity and faultlines: Comparing alignment and dispersion theories of group composition[J]. Conflict in organizational groups: New directions in theory and practice, 57–92.

[17] Bezrukova, K., Thatcher, S. M., & Jehn, K. A. (2006). Consistency matters! The effects of group and organizational culture on the faultline-outcomes link. INGroup Conference, Pittsburgh, PA.

[18] Bezrukova, K., Thatcher, S., Jehn, K. A., & Spell, C. S. (2012). The effects of alignments: examining group faultlines, organizational cultures, and performance[J]. Journal of Applied Psychology, 97(1): 77–92.

[19] Bidwell, M. J. (2013). What Happened to Long-Term Employment? The Role of Worker Power and Environmental Turbulence in Explaining Declines in Worker Tenure[J].

Organization Science, 24(4): 1061 – 1082.

[20] Blader, S. L., & Chen, Y. R. (2011). What influences how higher-status people respond to lower-status others? Effects of procedural fairness, outcome favorability, and concerns about status[J]. Organization Science, 22(4): 1040 – 1060.

[21] Blau, P. M. (1977). Inequality and heterogeneity[M]. NewYork: Free Press.

[22] Bogardus, E. S. (1925). Measuring social distance[J]. Journal of applied sociology, 9(2): 299 – 308.

[23] Bogenrieder, I., & Nooteboom, B. (2004). Learning groups: What types are there? A theoretical analysis and an empirical study in a consultancy firm[J]. Organization studies, 25(2): 287 – 313.

[24] Bothner, M. S., Godart, F. C., & Lee, W. (2009). What is social status? Comparisons and contrasts with cognate concepts. Working Paper, University of Chicago.

[25] Brandenburger, A., & Nalebuff, B. (1996). Co-opetition[M]. New York: Doubleday.

[26] Brewer, M. B. (2007). The importance of being we: Human nature and intergroup relations[J]. American Psychologist, 62: 728 – 738.

[27] Brewer, M. B. (1991). The social self: On being the same and different at the same time[J]. Personality and Social Psychology Bulletin, 17: 475 – 482.

[28] Brewer, M. B. (2001). Ingroup identification and intergroup conflict[M]. Social identity, intergroup conflict, and conflict reduction, 17 – 41.

[29] Bryne, D., Clore Jr, G. L., & Worchel, P. (1966). The Effect of Economic Similarity – Dissimilarity as Determinants of Attraction[J]. Journal of personality and social psychology, 4: 220 – 224.

[30] Buchan, N. R., Johnson, E. J., & Croson, R. T. (2006). Let's get personal: An international examination of the influence of communication, culture and social distance on other regarding preferences[J]. Journal of Economic Behavior & Organization, 60(3): 373 – 398.

[31] Bunderson, J. S., & Boumgarden, P. (2010). Structure and learning in self-managed teams: Why "bureaucratic" teams can be better learners[J]. Organization Science, 21(3): 609 – 624.

[32] Burningham, C., & West, M. A. (1995). Individual, climate, and group interaction processes as predictors of work team innovation[J]. Small group research, 26(1): 106

-117.

[33] Burt, R. (2004). Structural holes and good ideas[J]. American Journal of Sociology, 110 (2): 349-399.

[34] Charness, G., Haruvy, E., & Sonsino, D. (2007). Social distance and reciprocity: An Internet experiment[J]. Journal of Economic Behavior & Organization, 63(1): 88-103.

[35] Calperin. B. L., Bennett, R. J., & Aquino, K. (2011). Status Differentiation and the Protean Self: A Social-Cognitive Model of Unethical Behavior in Organizations[J]. Journal of Business Ethics, 98: 407-424.

[36] Caricati, L., & Monacelli, N. (2012). Intergroup Biases of the Intermediate-Status Group: The Effect of Stability and Instability of Social Stratification[J]. The Journal of social psychology, 152(6): 713-726.

[37] Carton, A. M., & Cummings, J. N. (2012). A theory of subgroups in work teams[J]. Academy of Management Review, 37(3): 441-470.

[38] Carton, A. M., & Cummings, J. N. (2013). The impact of subgroup type and subgroup configurational properties on work team performance[J]. Journal of Applied Psychology, 98(5): 732-758.

[39] Carton, A. M., & Cummings, J. N. (2009). A FAULTLINE-BASED MODEL OF TEAM LEADERSHIP. In Academy of Management Proceedings, 1: 1-6. Academy of Management.

[40] Carton, A. M., Murphy, C., & Clark, J. R. (2014). A (blurry) vision of the future: How leader rhetoric about ultimate goals influences performance[J]. Academy of Management Journal, 57(6): 1544-1570.

[41] Case, C. R., & Maner, J. K. (2014). Divide and conquer: When and why leaders undermine the cohesive fabric of their group[J]. Journal of personality and social psychology, 107(6): 1033-1050.

[42] Ceranic, S., & Reynolds, A. 2003. Engaging in active activity[M]. Harpercollins, New York.

[43] Chen, S., Lee-Chai, A. Y., & Bargh, J. A. (2001). Relationship orientation as moderator of the effects of social power[J]. Journal of Personality and Social Psychology, 80: 183-187.

[44] Choi, J. N., & Sy, T. (2009). Group-level organizational citizenship behavior: Effects

of demographic faultlines and conflict in small work groups[J]. Journal of Organizational Behavior, 31: 1032 – 1054.

[45] Christensen, P. N. , Boldry, J. G. , & Kashy, D. A. (2004). Group-based self-evaluation outside of the laboratory: Effects of global versus contextual status[J]. Personality and Social Psychology Bulletin, 30(8): 985 – 994.

[46] Colquitt, J. A. , Scott, B. A. , & LePine, J. A. (2007). Trust, trustworthiness, and trust propensity: a meta-analytic test of their unique relationships with risk taking and job performance[J]. Journal of applied psychology, 92(4): 909 – 927.

[47] Cooper, D. R. , & Emory, C. W. (1995). Business Research Methods[M]. Chicago, Richard D. Irwin.

[48] Cooper, D. , Patel, P. C. , & Thatcher, S. M. (2013). It depends: Environmental context and the effects of faultlines on top management team performance[J]. Organization Science, 25(2): 633 – 652.

[49] Cooper, D. , & Thatcher, S. M. (2010). Identification in organizations: The role of self-concept orientations and identification motives [J]. Academy of Management Review, 35(4): 516 – 538.

[50] Corbin, J. , & Strauss, A. (1990). Basics of qualitative research: Grounded theory procedures and techniques[M]. Basics of qualitative research: Grounded Theory procedures and techniques, 41 – 77.

[51] Cramton, C. D. , & Hinds, P. J. (2004). Subgroup dynamics in internationally distributed teams: Ethnocentrism or cross-national learning?. Research in organizational behavior, 26: 231 – 263.

[52] Crawford, E. R. , & Lepine, J. A. (2013). A configural theory of team processes: Accounting for the structure of taskwork and teamwork[J]. Academy of Management Review, 38(1): 32 – 48.

[53] Crisp, R. J. , & Turner, R. N. (2009). Can imagined interactions produce positive perceptions?: Reducing prejudice through simulated social contact[J]. American Psychologist, 64(4): 231 – 240.

[54] Cronin, M. A. , Bezrukova, K. , Weingart, L. R. , & Tinsley, C. H. (2011). Subgroups within a team: The role of cognitive and affective integration[J]. Journal of Organizational Behavior, 32(6): 831 – 849.

[55] Das, T. K. , & Teng, B. S. (1998). Between trust and control: Developing confidence

in partner cooperation in alliances[J]. Academy of management review, 23(3): 491 -512.

[56] De Dreu, C. K. W. (2007). Cooperative outcome interdependence, task reflexivity, and team effectiveness: A motivated information processing perspective[J]. Journal of Applied Psychology, 92: 628-638.

[57] De Waal, F. (2007). Chimpanzee politics: Power and sex among apes[M]. JHU Press.

[58] Does, S., & Mentovich, A. (2016). Rooting for the top dog: How social dominance motives shape group preference in intergroup competition[J]. Journal of Experimental Social Psychology, 62: 24-29.

[59] Drach-Zahavy, A., & Somech, A. (2001). Understanding team innovation: The role of team processes and structures[M]. Group Dynamics: Theory, Research, and Practice, 5 (2): 111-123.

[60] Duguid, M. M., Loyd, D. L., & Tolbert, P. S. (2012). The impact of categorical status, numeric representation, and work group prestige on preference for demographically similar others: A value threat approach[J]. Organization Science, 23(2): 386 -401.

[61] Durkheim, E. (2014). The division of labor in society[M]. Simon and Schuster.

[62] Earle, W. B., Giuliano, T., & Archer, R. L. (1983). Lonely at the top: The effect of power on information flow in the dyad. Personality and Social Psychology Bulletin, 9: 629-637.

[63] Edmondson, A. (1999). Psychological safety and learning behavior in work teams[J]. Administrative science quarterly, 44(2): 350-383.

[64] Elfenbein, H. A., & Ambady, N. (2002). On the universality and cultural specificity of emotion recognition: A meta-analysis[J]. Psychological Bulletin, 128: 203-235.

[65] Ellis, A. P., Mai, K. M., & Christian, J. S. (2013). Examining the asymmetrical effects of goal faultlines in groups: A categorization-elaboration approach[J]. Journal of Applied Psychology, 98(6): 948-961.

[66] Emerson, R. M. (1962). Power-dependence relations[J]. American Sociological Review, 27: 31-41.

[67] Fiedler, M., Haruvy, E., & Li, S. X. (2011). Social distance in a virtual world experiment[J]. Games and Economic Behavior, 72(2): 400-426.

[68] Finn, C., & Ashkanasy, N. M. (2010). Affective Responess to Professional Dissimilarity: A Matter Of Status[J]. Academy of Management Journal. 53(4): 808-826.

[69] Finkelstein, S. (1992). Power in top management teams: Dimensions, measurement, and validation[J]. Academy of Management Journal, 35(3): 505-538.

[70] Fiske, S. T. (1993). Controlling other people: The impact of power on stereotyping [J]. American Psychologist, 48: 621-628.

[71] Fiske, S. T., & Berdahl, J. L. (2007). Social power[C]. In E. T. Higgins & A. W. Kruglanski (Eds.), Social psychology: Handbook of basic principles, 2: 678-692. London, England: Oxford University Press.

[72] Folger, J. P., Poole, M. S., & Stuttman, R. K. (1997). Working through conflict: Strategies for relationships, groups, and organizations[M]. Addison-Wesley.

[73] Gause, G. F. (1936). The struggle for existence[J]. Soil Science, 41 (2): 159.

[74] Gibson, C., & Vermeulen, F. (2003). A healthy divide: Subgroups as a stimulus for team learning behavior[J]. Administrative Science Quarterly, 48(2): 202-239.

[75] Guinote, A. (2007). Behaviour variability and the situated focus theory of power[J]. European review of social psychology, 18(1): 256-295.

[76] Gittell, J. H. (2002). Coordinating mechanisms in care provider groups: Relational coordination as a mediator and input uncertainty as a moderator of performance effects[J]. Management Science, 48: 1408-1426.

[77] Glaser, B. G., & Strauss, A. L. (2009). The discovery of grounded theory: Strategies for qualitative research[M]. Transaction Publishers.

[78] Goldstein, N. J., & Hays, N. A. (2011). Illusory Power Transference The Vicarious Experience of Power[J]. Administrative Science Quarterly, 56(4): 593-621.

[79] Gong, Y., Kim, T. Y., Lee, D. R., & Zhu, J. (2013). A multilevel model of team goal orientation, information exchange, and creativity[J]. Academy of Management Journal, 56(3): 827-851.

[80] Gratton, L., Voigt, A., & Erickson, T. (2011). Bridging faultlines in diverse teams [J]. IEEE Engineering Management Review, 1(39): 80-90.

[81] Greer, L. L., & Jehn, K. A. (2007). Where perception meets reality: The effects of different types of faultlines perceptions, asymmetries, and realities on intersubgroup conflict and workgroup outcomes. In Academy of Management Proceedings, 1: 1-6[C]. Academy of Management.

[82] Gruenfeld, D. H., Inesi, M. E., Magee, J. C., & Galinsky, A. D. (2008). Power and the objectification of social targets[J]. Journal of personality and social psychology, 95(1): 111-127.

[83] Guinote, A. (2007). Power and goal pursuit. Personality and Social Psychology Bulletin, 33: 1076-1087.

[84] Guinote, A. (2010). The Situated Focus Theory of Power[M]. New York, NY: The Guilford Press.

[85] Guzzo, R. A., Yost, P. R., Campbell, R. J., & Shea, G. P. (1993). Potency in groups: articulating a construct[J]. British Journal of Social Psychology, 32(1): 87-106.

[86] Habermas, J. (1984). Reason and the rationalization of society[M]. The theory of communicative action. T. MacCarthy, Trans., 1: 110-119.

[87] Halevy, N. (2008). Team negotiation: Social, epistemic, economic, and psychological consequences of subgroup conflict[J]. Personality and Social Psychology Bulletin.

[88] Halevy, N., Chou, E. Y., Cohen, T. R., & Livingston, R. W. (2012). Status conferral in intergroup social dilemmas-Behavioral antecedents and consequences of prestige and dominance[J]. Journal of Personality and Social Psychology, 102(2): 351-366.

[89] Halevy, N., Chou, E. Y., Galinsky, A. D., & Murnighan, J. K. (2012). When hierarchy wins evidence from the national basketball association[J]. Social Psychological and Personality Science, 3(4): 398-406.

[90] Hambrick, D. C. (1994). Top management groups: A conceptual integration and reconsideration of the "team" label. Research In Organizational Behavior, 16: 171-213.

[91] Hambrick, D. C., Li, J., Xin, K. (2001). Compositional gaps and downward spirals in international joint venture management groups[J]. Strategic Management Journal, 22(11): 1033-1053.

[92] Hardin, G. (1960). The competitive exclusion principle. Science, 131: 1292-1297.

[93] Harrison, D. A., Price, K. H., & Bell, M. P. (1998). Beyond relational demography: Time and the effects of surface-and deep-level diversity on work group cohesion[J]. Academy of Management Journal, 41(1): 96-107.

[94] Hart, C. M., & Van Vugt, M. (2006). From fault line to group fission: Understanding membership changes in small groups. Personality and Social Psychology Bulletin, 32: 392-404.

[95] Hartstone, M., & Augoustinos, M. (1995). The minimal group paradigm: Categorization into two versus three groups[J]. European Journal of Social Psychology, 25(2): 179–193.

[96] Harvey, S. (2013). A different perspective: The multiple effects of deep level diversity on group creativity[J]. Journal of Experimental Social Psychology, 49(5): 822–832.

[97] Hays, N. A., & Bendersky, C. (2015). Not all inequality is created equal: Effects of status versus power hierarchies on competition for upward mobility[J]. Journal of personality and social psychology, 108(6): 867–882.

[98] Heidl, R. A., Steensma, H. K., & Phelps, C. (2014). Divisive faultlines and the unplanned dissolutions of multipartner alliances[J]. Organization Science, 25(5): 1351–1371.

[99] Henry, P. J. (2008). Low-status compensation: A theory for understanding the roots and trajectory of violence[M]. In Final Conference: Control of Violence, Center for Interdisciplinary Research, Bielefeld, Germany.

[100] Hoever, I. J., Van Knippenberg, D., van Ginkel, W. P., & Barkema, H. G. (2012). Fostering team creativity: Perspective taking as key to unlocking diversity's potential[J]. Journal of Applied Psychology, 97(5): 982–996.

[101] Hogg, M. A., & Terry, D. J. (2000). Social identity and self-categorization processes in organizational contexts[J]. Academy of Management Review, 25: 121–140.

[102] Homan, A. C., & Greer, L. L. (2013). Considering diversity: The positive effects of considerate leadership in diverse teams[J]. Group Processes & Intergroup Relations, 16(1): 105–125.

[103] Homan, A. C., Hollenbeck, J. R., Humphrey, S. E., Van Knippenberg, D., Ilgen, D. R., & Van Kleef, G. A. (2008). Facing differences with an open mind: Openness to experience, salience of intragroup differences, and performance of diverse work groups[J]. Academy of Management Journal, 51(6): 1204–1222.

[104] Hornsey, M. J., & Hogg, M. A. (2000). Assimilation and diversity: An integrative model of subgroup relations[J]. Personality and Social Psychology Review, 4: 143–156.

[105] Hornsey, M. J., & Hogg, M. A. (1999). Subgroup differentiation as a response to an overly-inclusive group: a test of optimal distinctiveness theory[J]. European Journal of Social Psychology, 29(4): 543–550.

[106] Hsu, M. L., & Fan, H. L. (2010). Organizational innovation climate and creative outcomes: Exploring the moderating effect of time pressure[J]. Creativity Research Journal, 22(4): 378-386.

[107] Huey, W. S. (2010). Innovation as Group Process: Hierarchy, Status, and the Dilemma of Participative Leadership. [M]

[108] Hülsheger, U. R., Anderson, N., & Salgado, J. F. (2009). Team-level predictors of innovation at work: a comprehensive meta-analysis spanning three decades of research [J]. Journal of Applied psychology, 94(5): 1128-1145.

[109] Hutzschenreuter, T., & Horstkotte, J. (2013). Performance effects of top management team demographic faultlines in the process of product diversification[J]. Strategic Management Journal, 34(6): 704-726.

[110] Ickes, W., & Simpson, J. A. (2003). Motivational aspects of empathic accuracy. [M]In G. J. O. Fletcher & M. S. Clark (Eds.), Blackwell handbook of social psychology: Interpersonal processes, 229-249. Malden, MA: Blackwell.

[111] James, L. R. (1982). Aggregation bias in estimates of perceptual agreement[J]. Journal of applied psychology, 67(2): 219-229.

[112] Jehn, K. A. (1995). A multimethod examination of the benefits and detriments of intragroup conflict. Administrative science quarterly, 256-282.

[113] Jehn, K. A., Bezrukova, K. & Thatcher, S. (2008). Conflict, diversity, and faultlines in workgroups. The psychology of conflict and conflict management in organizations, 179-210.

[114] Jehn, K. A., & Bezrukova, K. (2010). The faultline activation process and the effects of activated faultlines on coalition formation, conflict, and group outcomes[J]. Organizational Behavior and Human Decision Processes, 112(1): 24-42.

[115] Jehn, K. A., Rispens, S., & Thatcher, S. M. (2010). The effects of conflict asymmetry on work group and individual outcomes[J]. Academy of Management Journal, 53(3): 596-616.

[116] Joshi, P. D., & Fast, N. J. (2013). Power and reduced temporal discounting[J]. Psychological Science, 24(4): 432-438.

[117] Jost, J. T., & Burgess, D. (2000). Attitudinal ambivalence and the conflict between group and system justification motives in low status groups[J]. Personality and Social Psychology Bulletin, 26(3): 293-305.

[118] Jost, J. T., Pelham, B. W., & Carvallo, M. R. (2002). Non-conscious forms of system justification: Implicit and behavioral preferences for higher status groups[J]. Journal of Experimental Social Psychology, 38(6): 586 – 602.

[119] Kearney, E., Gebert, D., & Voelpel, S. C. (2009). When and how diversity benefits teams: The importance of team members' need for cognition[J]. Academy of Management Journal, 52(3): 581 – 598.

[120] Kelley, H. H., Berscheid, E., Christensen, A., Harvey, J. H., Huston, T. L., Levinger, G., & Peterson, D. R. (1983). Ana-lyzing close relationships. [M]In H. H. Kelley, E. Berscheid, A. Christensen, J. H. Harvey, T. L. Huston, G. Levinger & D. R. Peterson (Eds.), Close relationships, 20 – 67. New York, NY: Freeman.

[121] Kim, E., Bhave, D. P., & Glomb, T. M. (2013). Emotion regulation in workgroups: The roles of demographic diversity and relational work context[J]. Personnel Psychology, 66(3): 613 – 644.

[122] Kirkman, B. L., Cordery, J. L., Mathieu, J., Rosen, B., & Kukenberger, M. (2013). Global organizational communities of practice: The effects of nationality diversity, psychological safety, and media richness on community performance[J]. Human Relations, 66(3): 333 – 362.

[123] Kitayama, S., Markus, H. R., & Kurokawa, M. (2000). Culture, emotion, and well-being: Good feelings in Japan and the United States. Cognition & Emotion, 14: 93 – 124.

[124] Kitayama, S., Mesquita, B., & Karasawa, M. (2006). The emotional basis of independent and interdependent selves: Socially disengaging and engaging emotions in the US and Japan[J]. Journal of Personality and Social Psychology, 91: 890 – 903.

[125] Klein, K. J., Knight, A. P., Ziegert, J. C., Lim, B. C., & Saltz, J. L. (2011). When team members' values differ: The moderating role of team leadership[J]. Organizational Behavior and Human Decision Processes, 114(1): 25 – 36.

[126] Kozlowski, S. W. J., & Bell, B. S. (2003). Work groups and teams in organizations. [M]In W. C. Borman, D. R. Ilgen, & R. J. Klimoski (Eds.), Handbook of psychology: Industrial and organizational psychology, 12: 333 – 375. London: Wiley.

[127] Kvale, S., & Brinkmann, S. (2015). InterViews: Learning the craft of qualitative research interviewing (3rd ed.). [M]Thousand Oaks, CA: SAGE Publications, Inc.

[128] Lamertz, K., & Aquino, K. (2004). Social power, social status and perceptual simi-

larity of workplace victimization: A social network analysis of stratification[J]. Human Relations, 57(7): 795-822.

[129] Lammers, J., Galinsky, A. D., Gordijn, E. H., & Otten, S. (2012). Power increases social distance[J]. Social Psychological and Personality Science, 3: 282-290.

[130] Larwood, L., Falbe, C. M., Kriger, M. P., & Miesing, P. (1995). Structure and meaning of organizational vision[J]. Academy of Management Journal, 38(3): 740-769.

[131] Lau, D. C., & Murnighan, J. K. (1998). Demographic diversity and faultlines: The compositional dynamics of organizational groups[J]. Academy of Management Review, 23(2): 325-340.

[132] Lau, D. C., & Murnighan, J. K. (2005). Interactions within groups and subgroups: The effects of demographic faultlines[J]. Academy of Management Journal, 48(4): 645-659.

[133] Lechner, C., Frankenberger, K., & Floyd, S. W. (2010). Task contingencies in the curvilinear relationships between intergroup networks and initiative performance[J]. Academy of Management Journal, 53(4): 865-889.

[134] Ledgerwood, A., & Chaiken, S. (2007). Priming us and them: Automatic assimilation and contrast in group attitudes[J]. Journal of Personality and Social Psychology, 93: 940-956.

[135] Leslie, L. M. (2014). A Status-Based Multileve Diversity and Work Unit Performancel Model of Ethnic. Journal of Management, on line.

[136] Levine, J. M., & Moreland, R. L. (1998). Small groups. [M] In D. Gilbert, S. Fiske, & G. Lindzey (Eds.), The handbook of social psychology (4th ed.), 2: 415-469. Boston: McGraw-Hill.

[137] Li, J., & Hambrick, D. C. (2005). Factional groups: A new vantage on demographic faultlines, conflict, and disintegration in work teams[J]. Academy of Management Journal, 48(5): 794-813.

[138] Lin, N. (1999). Building a Network Theory of Social Capital[J]. Connections, 22(1): 28-51.

[139] Loch, C. H., Huberman, B. A., & Stout, S. (2000). Status competition and performance in work groups[J]. Journal of Economic Behavior & Organization, 43(1): 35-55.

[140] Locke, E. A., & Latham, G. P. (1990). A theory of goal setting & task performance [M]. Prentice-Hall, Inc.

[141] Magee, J. C., Galinsky, A. D. (2008). Social Hierarchy: The Self-Reinforcing Nature of Power and Status[J]. The Academy of Management Annals, 2(1): 351-398.

[142] Magee, J. C., & Smith, P. K. (2013). The social distance theory of power[J]. Personality and Social Psychology Review, 17(2): 158-186.

[143] Maner, J. K., & Mead, N. L. (2010). The essential tension between leadership and power: when leaders sacrifice group goals for the sake of self-interest[J]. Journal of personality and social psychology, 99(3): 482-497.

[144] Mannix, E. A. (1993). Organizations as resource dilemmas: The effects of power balance on coalition formation in small groups[J]. Organizational Behavior and Human Decision Processes, 55: 1-22.

[145] Marks, M. A., DeChurch, L. A., Mathieu, J. E., Panzer, F. J., & Alonso, A. (2005). Teamwork in multiteam systems[J]. Journal of Applied Psychology, 90(5): 964-971.

[146] Marr, J. C., & Thau, S. (2014). Falling from great (and not-so-great) heights: How initial status position influences performance after status loss[J]. Academy of Management Journal, 57(1): 223-248.

[147] Mäs, M., Flache, A., Takács, K., & Jehn, K. A.. (2013). In the short term we divide, in the long term we unite: Demographic crisscrossing and the effects of faultlines on subgroup polarization[J]. Organization science, 24(3): 716-736.

[148] McCain, B. E., O'Reilly, C., & Pfeffer, J. (1983). The effects of departmental demography on turnover: The case of a university[J]. Academy of Management Journal, 26: 626-641.

[149] Menon, T., Thompson, L., & Choi, H. S. (2006). Tainted knowledge vs. tempting knowledge: People avoid knowledge from internal rivals and seek knowledge from external rivals[J]. Management Science, 52(8): 1129-1144.

[150] Metiu, A. (2006). Owning the code: Status closure in distributed groups. Organization Science, 17(4): 418-435.

[151] Meyer, B., & Glenz, A. (2013). Team faultline measures a computational comparison and a new approach to multiple subgroups[J]. Organizational Research Methods, 16(3): 393-424.

[152] Meyer, B., Shemla, M. & Schermuly, C. C. (2011). Work group diversity[J]. Small Group Research, 42(3): 257 – 282.

[153] Molleman, E. (2005). Diversity in demographic characteristics, abilities and personality traits: Do faultlines affect team functioning?. [J] Group decision and Negotiation, 14(3): 173 – 193.

[154] Mom, T. J. M., Van Den Bosch, F. A. J., & Volberda, H. W. (2007). Investigating Managers' Exploration and Exploitation Activities: The Influence of Top-Down, Bottom-Up, and Horizontal Knowledge Inflows[J]. Journal of Management Studies, 44: 910 – 936.

[155] Morrison, K. R., Fast, N. J., & Ybarra, O. (2009). Group status, perceptions of threat, and support for social inequality[J]. Journal of Experimental Social Psychology, 45(1): 204 – 210.

[156] Nadolska, A., & Barkema, H. G. (2014). Good learners: How top management teams affect the success and frequency of acquisitions[J]. Strategic Management Journal, 35(10): 1483 – 1507.

[157] Nadler, A., & Halabi, S. (2006). Intergroup helping as status relations: Effects of status stability, identification, and type of help on receptivity to high-status group's help[J]. Journal of personality and social psychology, 91(1): 97 – 110.

[158] Ndofor, H. A., Sirmon, D. G., & He, X. (2015). Utilizing the firm's resources: How TMT heterogeneity and resulting faultlines affect TMT tasks[J]. Strategic Management Journal, 36(11): 1656 – 1674.

[159] Nierman, A. D. (2007). What happens when low status groups start moving up? Prejudice and threat to group position. [D] University of Kansas.

[160] Nishii, L. H. (2013). The Benefits of Climate for Inclusion for Gender-Diverse Groups[J]. Academy of Management Journal, 56(6): 1754 – 1774.

[161] Nishii, L. H., & Goncalo, J. A. (2008). Demographic faultlines and creativity in diverse groups. Research on managing groups and teams, 11: 1 – 26.

[162] O'Leary, M. B., & Mortensen, M. (2010). Go (con) figure: Subgroups, imbalance, and isolates in geographically dispersed teams[J]. Organization Science, 21(1): 115 – 131.

[163] Orasanu, J., & Salas, E. (1993). Team decision making in complex environments. [M]In J. A. Klein, J. Orasanu, R. Calderwood, & C. E. Zsambok (Eds.), Deci-

sion making in action: Models and methods, 327 - 345. Norwood, NJ: Ablex.

[164] Ormiston, M. E., & Wong, E. M. (2012). The Gleam of the Double-Edged Sword The Benefits of Subgroups for Organizational Ethics[J]. Psychological science, 23(4): 400 - 403.

[165] Oveis, C., Horberg, E. J., & Keltner, D. (2010). Compassion, pride, and social intuitions of self-other similarity[J]. Journal of Personality and Social Psychology, 98: 618 - 630.

[166] Park, R. E., & Burgess, E. W. (1969). Introduction to the Science of Sociology: Including the Original Index to Basic Sociological Concepts[M]. Chicago: University of Chicago Press.

[167] Pearce, J. L. (Ed.) (2011). Status in management and organizations[M]. Cambridge, UK: Cambridge University Press.

[168] Pearce, C. L., & Ensley, M. D. (2004). A reciprocal and longitudinal investigation of the innovation process: The central role of shared vision in product and process innovation teams (PPITs)[J]. Journal of Organizational Behavior, 25(2): 259 - 278.

[169] Pearsall, M. J., Ellis, A. P., & Evans, J. M. (2008). Unlocking the effects of gender faultlines on team creativity: Is activation the key? [J]. Journal of Applied Psychology, 93(1): 225 - 234.

[170] Pelled, L. H., Eisenhardt, K. M., & Xin, K. R. (1999). Exploring the black box: An analysis of work group diversity, conflict and performance[J]. Administrative science quarterly, 44(1): 1 - 28.

[171] Perretti, F., & Negro, G. (2006). Filling Empty Seats: How Status and Organizational Hierarchies Affect Exploration versus Exploitation in Team Design[J]. Academy of Management Journal, 49 (4): 759 - 777.

[172] Perry-Smith, J. E., & Shalley, C. E. (2014). A social composition view of team creativity: The role of member nationality-heterogeneous ties outside of the team[J]. Organization Science, 25(5): 1434 - 1452.

[173] Pettigrew, T. F., & Tropp, L. R. (2006). A meta-analytic test of intergroup contact theory[J]. Journal of Personality and Social Psychology, 90: 751 - 783.

[174] Phelan, J. C., Link, B. G., & Feldman, N. M. (2013). The genomic revolution and beliefs about essential racial differences a backdoor to eugenics?. American sociological review, 0003122413476034.

[175] Phillips, K. W., & Loyd, D. L. (2006). When surface and deep-level diversity collide: The effects on dissenting group members[J]. Organizational behavior and human decision processes, 99(2): 143 – 160.

[176] Pickett, C. L., & Brewer, M. B. (2001). Assimilation and differentiation needs as motivational determinants of perceived in-group and out-group homogeneity[J]. Journal of Experimental Social Psychology, 37: 341 – 348.

[177] Pitesa, M., Thau, S., (2013). Compliant Sinners, Obstinate Saints: How Power and Self-Focus Determine the Effectiveness of Social Influences in Ethical Decision Making[J]. Academy of Management Journal, 56(3): 635 – 658.

[178] Polzer, J. T. (2004). How subgroup interests and reputations moderate the effect of organizational identification on cooperation[J]. Journal of Management, 30(1): 71 – 96.

[179] Polzer, J. T., Crisp, C. B., Jarvenpaa, S. L., & Kim, J. W. (2006). Extending the faultline model to geographically dispersed teams: How colocated subgroups can impair group functioning[J]. Academy of Management Journal, 49(4): 679 – 692.

[180] Polzer, J. T., & Elfenbein, H. A. (2011). Too many cooks spoil the broth: How high-status individuals decrease group effectiveness[J]. Organizational Science, 22(3): 722 – 737.

[181] Price, K. H., Shumate, K. M., Rowe, N. A., Lavelle, J. J., & Henley, A. B. (2007). The complementary effects of relational dissimilarity and group fautlines: A multi-level analysis of diversity. In Academy of Management Proceedings, 1: 1 – 6. Academy of Management.

[182] Ragins, B. R., Gonzalez, J. A., Ehrhardt, K., & Singh, R. (2012). Crossing the threshold: The spillover of community racial diversity and diversity climate to the workplace[J]. Personnel Psychology, 65(4): 755 – 787.

[183] Ren, H., Gray, B., & Harrison, D. A. (2014). Triggering Faultline Effects in Teams: The Importance of Bridging Friendship Ties and Breaching Animosity Ties[J]. Organization Science, 26(2): 390 – 404.

[184] Rico, R., Molleman, E., Sánchez-Manzanares, M., & Van der Vegt, G. S. (2007). The effects of diversity faultlines and team task autonomy on decision quality and social integration[J]. Journal of Management, 33(1): 111 – 132.

[185] Rico, R., Sánchez-Manzanares, M., Antino, M., & Lau, D. (2012). Bridging team faultlines by combining task role assignment and goal structure strategies[J]. Journal of

Applied Psychology, 97(2): 407 – 420.

[186] Rink, F. A., & Jehn, K. A. (2010). How identity processes affect faultline perceptions and the functioning of diverse teams. Psychology of social and cultural diversity, 281 – 296.

[187] Rousseau, D. M., Sitkin, S. B., Burt, R. S., & Camerer, C. (1998). Not so different after all: A cross-discipline view of trust[J]. Academy of Management Review, 23: 393 – 404.

[188] Rubin, M., & Hewstone, M. (2004). Social Identity, System Justification, and Social Domination: Commentary on Reicher, Jost et al., and Sidanius et al. Political Psychology, 25: 823 – 844.

[189] Saguy, T., & Dovidio, J. F. (2013). Insecure status relations shape preferences for the content of intergroup contact[J]. Personality and Social Psychology Bulletin, 39(8): 1030 – 1042.

[190] Sawyer, J. E., Houlette, M. A., & Yeagley, E. L. (2006). Decision performance and diversity structure: Comparing faultlines in convergent, crosscut, and racially homogeneous groups[J]. Organizational Behavior and Human Decision Processes, 99(1): 1 – 15.

[191] Scheepers, D. (2009). Turning social identity threat into challenge: Status stability and cardiovascular reactivity during inter-group competition[J]. Journal of Experimental Social Psychology, 45(1): 228 – 233.

[192] Schippers, M. C., Den Hartog, D. N., Koopman, P. L., & Wienk, J. A. (2003). Diversity and team outcomes: The moderating effects of outcome interdependence and group longevity and the mediating effect of reflexivity[J]. Journal of Organizational Behavior, 24(6): 779 – 802.

[193] Scroggins, W. A., Mackie, D. M., Allen, T. J., & Sherman, J. W. (2016). Reducing Prejudice With Labels Shared Group Memberships Attenuate Implicit Bias and Expand Implicit Group Boundaries[J]. Personality and Social Psychology Bulletin, 42(2): 219 – 229.

[194] Shariff, A. F., Tracy, J. L., & Markusoff, J. (2012). (Implicitly) judging a book by its cover: The power of pride and shame expressions in shaping judgments of social status[J]. Personality and Social Psychology Bulletin, 38: 1178 – 1193.

[195] Shaw, J. B. (2004). The development and analysis of a measure of group faultlines

[J]. Organizational Research Methods, 7(1): 66-100.

[196] Shaw, J. D. & M. K. Duffy, et al. (2000). Interdependence and preference for group work: Main and congruence effects on the satisfaction and performance of group members[J]. Journal of Management, 26(2): 259-279.

[197] Shelton, J. N., & Richeson, J. A. (2006). Ethnic minorities' racial attitudes and contact experiences with people[J]. Cultural Diversity and Ethnic Minority Psychology, 12: 149-164.

[198] Shemla, M., Meyer, B., Greer, L., & Jehn, K. A. (2016). A review of perceived diversity in teams: Does how members perceive their team's composition affect team processes and outcomes? [J]. Journal of Organizational Behavior, 37: 89-S106.

[199] Sherwood, A., Covin, J. (2008). Knowledge acquisition in university - industry alliances: an empirical investigation from a learning theory perspective[J]. Journal of Product Innovation Management, 25: 162-179.

[200] Sidanius, J., & Pratto, F. (1999). Social Dominance: An Intergroup Theory of Social Hierarchy and Oppression[M]. New York: CambridgeUniversity Press.

[201] Simon, T. L., & Peterson, R. S. (2000). Task conflict and relationship conflict in top management teams: The pivotal role of intragroup trust[J]. Journal of Applied Psychology, 85: 102-111.

[202] Sligte, D. J., de Dreu, C. K. W., & Nijstad, B. A. (2011). Power, stability of power, and creativity[J]. Journal of Experimental Social Psychology, 47: 891-897.

[203] Smith, E. B., & Hou, Y. (2013). Redundant Heterogeneity and Group Performance [J]. Organization Science, 26(1): 37-51.

[204] Smith, J. A., McPherson, M., & Smith-Lovin, L. (2014). Social Distance in the United States Sex, Race, Religion, Age, and Education Homophily among Confidants, 1985 to 2004[J]. American Sociological Review, 79(3): 432-456.

[205] Smith KG, Smith KA, Olian JD, Sims HP Jr., O'Bannon DP, & Scully JA. (1994). Top management team demography and process: The role of social integration and communication[J]. Administrative Science Quarterly 39(3): 412-438.

[206] Smith, P. K., & Trope, Y. (2006). You focus on the forest when you're in charge of the trees: Power priming and abstract information processing[J]. Journal of Personality and Social Psychology, 90: 578-596.

[207] Somech, A., & Drach-Zahavy, A. (2013). Translating team creativity to innovation

implementation the role of team composition and climate for innovation[J]. Journal of Management, 39(3): 684 - 708.

[208] Strauss, A. L. (1987). Qualitative analysis for social scientists[M]. Cambridge University Press.

[209] Sternglanz, R. W., & DePaulo, B. M. (2004). Reading nonverbal cues to emotions: The advantages and liabilities of relationship closeness[J]. Journal of Nonverbal Behavior, 28: 245 - 266.

[210] Sucharski, I. L. (2007). Influencing employees' generalization of support and commitment from supervisor to organization [D]. University of Delaware.

[211] Tajfel, H., & Turner, J. C. (2004). The Social Identity Theory of Intergroup Behavior[M]. WORCHEL S, AUSTIN W G. Psychology of Intergroup Relations. Chicago : Nelson-Hall, 1986: 7 - 24.

[212] Tajfel, H., & Turner, J. C. (1986). The social identity theory of intergroup behavior [M]. In S. Worchel & W. Austin (Eds.), Psychology of intergroup relations, 7 - 24. Chicago: Nelson-Hall.

[213] Thatcher, S. M., Jehn, K. A., & Zanutto, E. (2003). Cracks in diversity research: The effects of diversity faultlines on conflict and performance[J]. Group Decision and Negotiation, 12(3): 217 - 241.

[214] Thatcher, S. M., & Patel, P. C. (2012). Group faultlines a review, integration, and guide to future research[J]. Journal of Management, 38(4): 969 - 1009.

[215] Thatcher, S., & Patel, P. C. (2011). Demographic faultlines: a meta-analysis of the literature[J]. Journal of Applied Psychology, 96(6): 1119 - 1139.

[216] Thomas, G., & Fletcher, G. J. O. (2003). Mind-reading accuracy in intimate relationships: Assessing the roles of the relationship, the target, and the judge[J]. Journal of Personality and Social Psychology, 85: 1079 - 1094.

[217] Tichy, N. M., Tushman, M. L., & Fombrun, C. (1979). Social network analysis for organizations[J]. Academy of Management Review, 4: 507 - 519.

[218] Trezzini, B. (2008). Probing the group faultline concept: An evaluation of measures of patterned multi-dimensional group diversity [J]. Quality & Quantity, 42 (3): 339 - 368.

[219] Tsai, W., & Ghoshal, S. (1998). Social capital and value creation: The role of intrafirm networks[J]. Academy of Management Journal, 41(4): 464 - 476.

[220] Tsui, A. S., Egan, T. D., & O'Reilly III, C. A. (1992). Being different: Relational demography and organizational attachment. Administrative science quarterly, 549-579.

[221] Turner, J. C. (1985). Social categorization and the self-concept: A social cognitive theory of group behavior. Advances in group processes: Theory and research, 2: 77-122.

[222] Turner, J. C., Hogg, M. A., Oakes, P. J., Reicher, S. D., & Wetherell, M. S. (1987). Rediscovering the social group: A self-categorization theory[M]. Basil Blackwell.

[223] Ulmer, S. S. (1965). Toward a theory of sub-group formation in the United States Supreme Court[J]. The Journal of Politics, 27(01): 133-152.

[224] Umphress, E. E., Smith-Crowe, K., Brief, A. P., Dietz, J., & Watkins, M. B. (2007). When birds of a feather flock together and when they do not: Status composition, social dominance orientation, and organizational attractiveness[J]. Journal of Applied Psychology, 92(2): 396-409.

[225] Van Knippenberg, D., Dawson, J. F., West, M. A., & Homan, A. C. (2011). Diversity faultlines, shared objectives, and top management team performance. Human Relations, 64(3): 307-336.

[226] Van Knippenberg, D., De Dreu, C. K., & Homan, A. C. (2004). Work group diversity and group performance: an integrative model and research agenda[J]. Journal of applied psychology, 89(6): 1008-1022.

[227] van Knippenberg, D., & Schippers, M. (2007). Work group diversity. Annual Review of Psychology, 58: 515-541.

[228] Webber, S. S., & Donahue, L. M. (2001). Impact of highly and less job-related diversity on work group cohesion and performance: A meta-analysis[J]. Journal of management, 27(2): 141-162.

[229] Weick, K. E., & Roberts, K. H. (1993). Collective mind in organizations: heedful interrelating on flight decks. Administrative Science Quarterly, 38: 357-381.

[230] West, M. A. (1990). The social psychology of innovation in groups[M]. In M. A. West & J. L. Farr(Eds), Innovation and creativity at work: Psychological and organizational strategies, 309-333. Chichester, England: Wiley.

[231] Williams, M. J. (2014). Serving the Self From the Seat of Power: Goals and Threats

Predict Leaders' Self-Interested Behavior[J]. Journal of Management, 40(5): 1365 -1395.

[232] Wit, A. P., & Kerr, N. L. (2002). "Me versus just us versus us all" categorization and cooperation in nested social dilemmas[J]. Journal of personality and social psychology, 83(3): 616 -637.

[233] Wong, A., Tjosvold, D., & Yu, Z. Y. (2005). Organizational partnerships in China: self-interest, goal interdependence, and opportunism[J]. Journal of Applied Psychology, 90(4): 782 -791.

[234] Xiao, Y. J., & Van Bavel, J. J. (2012). See Your Friends Close and Your Enemies Closer Social Identity and Identity Threat Shape the Representation of Physical Distance [J]. Personality and Social Psychology Bulletin, 38(7): 959 -972.

[235] Yoon, J., Baker, M. R., & Ko, J. W. (1994). Interpersonal attachment and organizational commitment: Subgroup hypothesis revisited[J]. Human Relations, 47: 329 -351.

[236] Zimmerman, J. L., & Reyna, C. (2013). The meaning and role of ideology in system justification and resistance for high-and low-status people[J]. Journal of personality and social psychology, 105(1): 1 -23.

[237] 陈帅. 知识视角下团队断裂带与团队绩效的关系研究[D]浙江大学博士学位论文, 2012.

[238] 陈伟, 杨早立, 朗益夫. 团队断裂带对团队效能影响的实证研究——关系型领导行为的调节与交互记忆系统的中介[J]. 管理评论, 2013, 27(4): 99 -121.

[239] 陈琛. 新企业创业团队断层对创业行为的影响研究[D]. 吉林大学博士学位论文, 2014.

[240] 陈睿. (2013). 科研团队异质性对创新绩效的影响研究[J]. 电子科技大学博士学位论文, 2013.

[241] 陈向明. 质的研究方法与社会科学研究(Vol. 89)[M]. 北京: 教育科学出版社, 2000.

[242] 陈悦明, 葛玉辉, 宋志强. 高层管理团队断层与企业战略决策的关系研究[J]. 管理学报, 9(11): 1634 -1642, 2012.

[243] 陈志红, 周路路, 陈志斌. 中国企业情境下团队多样性与决策质量的关系探究[J]. 江苏社会科学, 5: 73 -79, 2015.

[244] 党宝宝, 高承海, 杨阳, 万明钢. 群际威胁: 影响因素与减少策略[J]. 心理科学

进展,22(004):711-720,2014.

[245] 董玉杰. 团队断层对员工绩效的影响:一项跨层次研究[D]. 北京科技大学博士学位论文,2015.

[246] 韩立丰. 并购变革背景下团队断层特征与整合机制研究[D]. 浙江大学博士学位论文,2013.

[247] 韩立丰,王重鸣. 群体断层强度测量指标的构建与检验:一个整合的视角[J]. 心理学报,(11):1082-1096,2010.

[248] 韩立丰,王重鸣. 自我验证与人际一致性:团队多样性利用的新视角[J]. 心理科学进展,19(1):73-84,2011.

[249] 黄殷,寇彧. 群体独特性对群际偏差的影响[J]. 心理科学进展,21(4):732-739,2013.

[250] 卡麦兹著,边国英译. 建构扎根理论:质性研究实践指南[D]. 重庆大学出版社,2009.

[251] 李琼,刘力. 低地位群体的外群体偏好[J]. 心理科学进展,19(7):1061-1068,2011.

[252] 李森森,龙长权,陈庆飞,李红. 群际接触理论:一种改善群际关系的理论[J]. 心理科学进展,(5):831-839,2010.

[253] 李小青,周建. 董事会群体断裂带对企业战略绩效的影响研究:董事长职能背景和董事会持股比例的调节作用[J]. 外国经济管理,11:3-14,2015.

[254] 李小青,胡朝霞. 安全穿越董事会"断裂带"[J]. 董事会,(5):102-104,2015.

[255] 李维安,刘振杰,顾亮. 董事会异质性,断裂带与跨国并购[J]. 管理科学,27(4):1-11,2014.

[256] 李英蕾,夏纪军. 社会距离对自愿合作的影响:文献综述[J]. 世界经济文汇,(2):89-98,2009.

[257] 李远辉. 高管团队特征、市场分割与横向整合企业跨区域竞争行为关系研究[D],华南理工大学博士论文,2015.

[258] 刘易斯. A. 科塞著.《社会学思想名家》[M] 石人译,北京:中国社会科学出版社,1991.

[259] 刘新梅,韩骁,燕方,白杨. 激活的断裂,合作的结果相依性与团队学习行为[J]. 西安交通大学学报:社会科学版,35(1):48-53,2015.

[260] 刘智强,李超,廖建桥,龙立荣. 组织中地位,地位赋予方式与员工创造性产出——来自国有企事业单位的实证研究[J]. 管理世界,(3):86-101,2015.

[261] 刘智强,邓传军,廖建桥,龙立荣. 地位竞争动机,地位赋予标准与员工创新行为选择[J]. 中国工业经济,2013(10):83-95.

[262] 卢国显. 中西方社会距离的研究综述[J]. 学海,2006(5):117-123.

[263] 倪旭东,戴延君,姚春序,张宏. 子团队:形成,类型,中间过程及影响[J]. 心理科学进展,3:496-509,2015.

[264] 潘清泉,唐刘钊,韦慧民. 高管团队断裂带,创新能力与国际化战略——基于上市公司数据的实证研究[J]. 科学学与科学技术管理,36(010):111-122,2015.

[265] 孙慧琳. 团队断裂带与新产品研发团队创新绩效研究——团队快速信任和知识转移渠道的情境机制[J]. 财经理论与实践,36(5):126-132,2015.

[266] 孙祥薇. 异质性,组织支持对团队创造力的影响[D]. 山东师范大学硕士学位论文,2011.

[267] 王端旭. 民营科技型企业创业团队散伙现象成因分析[J]. 科学学与科学技术管理,26(4):137-140,2005.

[268] 王端旭,薛会娟. 多样化团队中的断裂带:形成,演化和效应研究[J]. 浙江大学学报:人文社会科学版,(5):122-128,2009.

[269] 王海珍,刘新梅,张若勇,马亚男. 国外团队断裂研究的现状及展望[J]. 管理学报,6(10):1413-1420,2009.

[270] 卫旭华,刘咏梅,岳柳青. 高管团队权力不平等对企业创新强度的影响——有调节的中介效应[J]. 南开管理评论,18(3):24-33,2015.

[271] 吴晓林. 社会整合理论的起源与发展:国外研究的考察[J]. 国外理论动态,2:37-46,2013.

[272] 周建,李小青,杨帅. 任务导向董事会群体断裂带、努力程度与企业价值[J]. 管理学报,12(1):44-52,2015.

[273] 许嘉猷,文崇一. 社会阶层与社会流[M]. 台北:三民书局,1990.

[274] 谢小云,张政晓,王唯梁. 团队背景下的子群体关系研究进展评析[J]. 外国经济与管理,34(10):22-29,2012.

[275] 张建玲,赵玉芳. 群际威胁与对内群体和外群体支持决策的关系研究[J]. 西南大学学报(自然科学版),34(4):152-156,2012.

附件1：访谈提纲和问卷

访谈提纲

第一部分

1. 请首先介绍您个人的基本信息，如姓名、性别、年龄、所属部门、职位和工龄等；组织的基本信息，如单位名称、单位性质、行业、规模等；团队的基本信息，如团队年龄、团队构成、团队规模等。

第二部分

1. 您所在的工作团队中是否存在地位竞争导致的团队断裂方式将团队划分成不同的子团队？（要给受访对象解释清楚这种断裂方式）
2. 具体有哪些类型？
3. 是什么原因导致这种/这些团队断裂方式发生？
4. 请具体描述比较每种断裂方式产生的子团队存在的典型结构特征和心理特征。
5. 请您具体描述团队成员对内子团队的看法、态度和情感。
6. 请您具体描述子团队成员对外子团队的看法、态度和情感。
7. 这种断裂方式会不会对团队创造力或绩效产生影响？如果会，请您具体谈谈是如何影响的。如果不会，那在什么情况下这种断裂方式才会对团队创造力或绩效产生影响？如何影响？

8. 子团队成员对外子团队的看法、态度和情感会影响团队创造力或绩效吗？是如何影响的？
9. 团队或组织应该采取哪些途径或方式能够有效应对这种/这些断裂方式对团队创造力带来的影响？
10. 您和您的团队成员是如何发现这种断裂方式的？你们是直接就能感受得到这种断裂带的存在及其影响还是需要外部诱因的激活？
11. 请谈谈您对其他类型的地位竞争导致的团队断裂方式的了解情况（假如他前边谈的是 A 型，看他是否对 B 型的情况也有所了解）。

调查问卷（团队成员填写）

尊敬的女士/先生：

您好！感谢您填答此问卷！请您根据自己的真实想法回答以下问题，答案无对错之分，您的真实想法和客观事实就是最好的答案。我们郑重保证，您对所有问题的回答都会百分之百保密，任何个人的数据都不会对外公布。问卷调查采取匿名形式，无须署名，请您安心作答。再次感谢您的合作！

第一部分

1. 下表提供了描述团队地位断裂的五种情况，请选择最符合您所属团队的情况的类型（　　）

A 型团队的基本情况描述	B 型团队的基本情况描述
1. 在现团队中有两个或两个以上实力或影响力比较接近的领导把团队分成了两个或两个以上的子团队/子群体。（见图1）	1. 在现团队中成员间职级分明，等级比较森严，出现了两个或两个以上不同职级的子团队/子群体。（见图2）

续表

A 型团队的基本情况描述	B 型团队的基本情况描述
2. 这两个或两个以上的子团队/子群体的领导和各自子团队/子群体中下属的关系比其他子团队/子群体更加亲近。（见图1）	2. 在现团队中，相同或相近职级的成员间的关系要比职级差别较大的成员间的关系更加密切。（见图2）
3. 这两个或两个以上的子团队/子群体的领导对自己子团队/子群体的下属的关心和支持明显多于其他子团队/子群体的员工（如晋升机会、工作开展、培训指导和信息共享等）。（见图1）	3. 在现团队中，不同职级的利益差别十分明显，相同或相近职级的成员为了保护自身的利益往往步调更加一致形成联盟。（见图2）
较高职级 子团队/子群体1 子团队/子群体2 较低职级 图1	较高职级 子团队/子群体1 子团队/子群体2 较低职级 图2

C 型. 混合型，混合 A 和 B 两种情况　　D 型. 其他类型　　E. 不存在上述断裂情况

2. 您是否是其中某一个子团队的成员（　　）。　　A 是　　B 不是

注意：如果您的团队中存在上述断裂情况，并且您本人是其中某个子团队的成员，请继续往下填答余下问题，如果您的团队不存在上述情况，请无须往下继续填答问卷！

第二部分

下面提供了一些陈述，请您根据自己的实际情况和真实感受表明您对

每一项陈述的认同程度,并在相应的数字上打"√"。1代表"非常不符合",7代表"非常符合"。数字越大,代表符合程度越高。各个数字代表的含义如下:

1——非常不符合　　2——不符合　　3——不太符合　　4——中立
5——有点符合　　　6——符合　　　7——非常符合

第一节　描述	非常不符合	不符合	不太符合	中立	有点符合	符合	非常符合
1. 在现团队中,我的子团队很愿意和其他子团队的成员发展友谊	1	2	3	4	5	6	7
2. 在现团队中,我的子团队很高兴能与其他子团队的成员一起工作	1	2	3	4	5	6	7
3. 在现团队中,我的子团队乐见其他子团队与我们同时并存	1	2	3	4	5	6	7
4. 在现团队中,我的子团队和其他子团队的成员非常熟悉	1	2	3	4	5	6	7
5. 在现团队中,我的子团队很愿意和其他子团队的成员交流分享信息	1	2	3	4	5	6	7
6. 在工作开展过程中,我们团队常常会率先提出新创意和新方法	1	2	3	4	5	6	7
7. 我们团队常常会通过开创新的方法以达成工作目标	1	2	3	4	5	6	7
8. 我们团队开发新创意或新方法是为了培养创新	1	2	3	4	5	6	7
9. 我们团队会主动发起关于工作开展方式方法的改进	1	2	3	4	5	6	7
10. 在我们团队中,所有成员的地位层级是稳定的	1	2	3	4	5	6	7
11. 在我们团队中,上级领导即使工作表现不好也很难被他人所取代	1	2	3	4	5	6	7

续表

第一节 描述	非常不符合	不符合	不太符合	中立	有点符合	符合	非常符合
12. 在我们团队中，下属员工即使表现优秀也很难被提拔	1	2	3	4	5	6	7
13. 在我们团队中，每个成员在的地位层级很难发生变化	1	2	3	4	5	6	7
14. 在现团队中，我们在工作中表达的看法都是自己真实的感受	1	2	3	4	5	6	7
15. 在工作中，我们可以大胆自由地表达自己的看法	1	2	3	4	5	6	7
16. 在现团队中，我们表达真实想法是受欢迎的	1	2	3	4	5	6	7
17. 在工作中，即使我们有不同的意见，也没有人会批评我们	1	2	3	4	5	6	7
18. 我们担心在工作场所表达真实的想法会对自己不利	1	2	3	4	5	6	7
19. 我们在工作场所公开地说出自己的想法是安全的	1	2	3	4	5	6	7
20. 在我们团队中，团队目标非常统一和明确	1	2	3	4	5	6	7
21. 在我们团队中，团队目标非常有用和适当	1	2	3	4	5	6	7
22. 在我们团队中，所有成员都高度认同现有的团队目标	1	2	3	4	5	6	7
23. 在我们团队中，所有成员对现有的团队目标都十分清楚	1	2	3	4	5	6	7
24. 在我们团队中，团队目标最终能够顺利实现的可能性很大	1	2	3	4	5	6	7
25. 在我们团队中，全体成员都非常认可现有的团队目标	1	2	3	4	5	6	7
26. 在我们团队中，全体成员都十分致力于团队目标的实现	1	2	3	4	5	6	7

第三部分

以下是一些关于您及您工作方面的问题，请选择正确答案或填入具体数据。

1. 您的性别_____   A. 男   B. 女

2. 您的年龄_____岁

3. 您的教育水平_____   A. 中专及以下   B. 大专   C. 大学本科
   D. 硕士   E. 博士

4. 您公司所属行业_____
   A. 制造   B. 金融   C. 教育   D. IT 行业
   E. 建筑   F. 政府机关   G. 文化、体育和娱乐
   H. 电信   I. 房地产   J. 交通运输仓储邮政业
   K. 电力、热力、燃气及水生产和供应业
   L. 农、林、牧、渔业   M. 批发和零售
   N. 其他_____（请说明）.

5. 您公司的性质_____
   A. 国企   B. 外资   C. 合资   D. 民营
   E. 私营   F. 政府部门   G. 事业单位
   H. 其他_____（请说明）.

6. 您参加工作多少年_____？您在现在的公司工作了多少年_____？您在现在公司的现有岗位上工作了多少年_____？您在现团队中工作多少年_____？（可填几年零几个月）。

7. 您现团队中共有_____人？

调查结束，再次感谢您的支持！

附件2：访谈稿登录表

编号	主题	摘要
A1-47 —A1-49	地位稳定性	• 目的：提高个体地位 • 途径：提高贡献、高低地位联盟与外子团队成员竞争 • 结果：子团队产生、团队社会距离扩大
A2-51 —A2-52	事件、共享目标	• 问题：员工缺少地位提高的机会，工作积极性低，团队创造性不佳 • 解决办法：设置团队共赢目标 • 效果：缩小社会距离、促进子团队间合作、提高团队创造性
A3-30 —A3-31	团队断裂的结果	• 结果：内子团队和外子团队互相封锁创意，互相排斥，互相猜疑
B1-1 —B1-6	断裂方式及其影响因素	• 影响因素：感知外部竞争威胁、不同地位水平成员高互赖 • 目的：竞争地位、争夺领地 • 表现：横向分化纵向统整
B2-55 —B2-56	地位稳定性和A型断裂方式交互导致的结果	• 结果：稳定性越高，社会距离越大，内子团队和外子团队合作产生新创意的可能性越小
B3-41 —B3-45	地位稳定性和A型断裂方式交互导致的结果	• 结果：社会交往意愿较低，内子团队和外子团队互相抵制新创意

185

续表

编号	主题	摘要
C1-63 —C1-65	团队断裂对社会距离的影响	• 结果：内子团队和外子团队间友谊降低、猜疑上升、刻板印象加深
C2-1 —C2-3	断裂方式和子团队结构	• 影响因素：高地位成员和低地位成员互相依赖 • 动机：竞争地位 • 断裂的表现：横向分化纵向统整 • 子团队结构：不同的高低地位成员构成子团队
C3-24 —C3-25	团队断裂对内子团队社会距离的影响	• 结果：子团队内部态度和信任高，内子团队和外子团队交往意愿降低，团队认同水平下降
C4-65 —C4-68	共享目标	• 事件：断裂团队的绩效不佳，团队绩效奖金大幅降低 • 措施：设置共享目标、开会动员、提高共识 • 作用：缩小社会距离，提高团队创造力
D1-9 —D1-11	B型断裂方式的产生	• 原因：地位稀缺性，高低地位成员间目标地位高同质性 • 目的：高地位群体成员维护现有地位利益、地位维护 • 结果：高地位群体成员联盟，低地位群体联盟，高低地位子团队互相封锁对抗
D2-22 —D2-23	内子团队社会距离	• 表现：内群体偏好，外群体歧视，刻板印象，高内部认同，内部成员间社会交往意愿强烈 • 结果："我们"和"他们"界限明显
E1-1 —E1-5	断裂方式及其影响因素	• 影响因素：感知地位威胁，高地位成员互赖，低地位成员互赖，高低地位成员地位目标同质性 • 动机：地位维护

续表

编号	主题	摘要
		● 表现形式：纵向分化横向统整 ● 子团队结构：高地位群体成员联盟形成高地位子团队，中低地位群体成员联盟形成中低地位子团队
E2-13 —E2-14	断裂方式及其后果	● 断裂方式：纵向分化横向统整 ● 结果：子团队产生、子团队界限分明、社会距离扩大
E3-55 —E3-56	共享目标	● 表现：团队成员高度认可团队目标 ● 结果：淡化子团队界限，责任心增强
E4-24	团队社会距离	● 表现：内子团队和外子团队间信任和合作意愿低 ● 结果：团队创造力低
F1-45 —F1-48	地位稳定性	● 表现：团队成员地位差稳定性，高地位无风险，低地位晋级无希望 ● 作用机制：地位稳定性和A型断裂交互，扩大团队社会距离 ● 结果：团队创造力较差
F2-9 —F2-13	合作产生新创意	● 表现：内子团队排斥与外子团队的合作 ● 结果：创意信息来源减少，内子团队创造性降低，团队创造力下降
F3-11 —F3-15	地位制度	● 制度设计：地位制度稳定性、低地位取代高地位的可能性、地位差的稳定性 ● 实现方式：断裂方式和地位稳定性的交互影响 ● 路径：扩大社会距离 ● 结果：团队创造力水平降低
G1-1 —G1-4	断裂方式及其影响因素	● 影响因素：高地位实施地位封锁，低地位敌视高地位，低地位谋求打破封锁

续表

编号	主题	摘要
		• 动机：地位维护 • 断裂方式：纵向分化横向统整
G2-11 —G2-24	断裂方式及其后果	• 断裂方式表现形式：纵向分化横向统整被强化 • 地位稳定性的强化：B 型团队断裂方式和地位稳定性的交互 • 机制：社会距离扩大 • 结果：提出新创意降低、封锁新创意增加
G3-30 —G3-31	内子团队社会距离	• 表现：内子团队成员共谋发展 • 结果：交往意愿强烈，子团队内部社会距离缩小，高内部认同
H1-61	封锁创意	• 表现：内子团队封锁新点子、新创意 • 结果：团队创造力降低
H2-1 —H2-4	A 型断裂及其影响因素	• 影响因素：低地位依赖高地位，高地位依赖低地位，高低位成员地位目标异质性 • 动机：地位竞争 • 断裂的表现：横向分化纵向统整 • 结果：子团队产生
I-36 —I-37	社会距离	• 内容：与内子团队相比，内子团队和外子团队间信任、猜疑水平明显更高 • 结果：交流不畅，创造性信息传递和获取降低，子团队排斥外部信源提供的信息
J-70 —J-72	子团队内部创造力	• 表现：内部成员互相表达交流创意 • 结果：子团队的创造力增加
K-13	共享目标	• 事件：团队目标不明确 • 结果：团队社会距离缩小不明显

续表

编号	主题	摘要
L-41 —L-43	地位稳定性	• 内容：低地位取代高地位的可能性低，地位弹性小 • 结果：内子团队被强化，团队界限更明显，社会距离扩大
M-63 —M-65	地位制度设计	• 内容：低地位成员难以通过努力获得地位提高 • 结果：内子团队对外子团队刻板印象增强
N-9	共享目标	• 事件：目标设置过高，难以实现 • 结果：不利于缩小社会距离，团队创造力改善不明显

重要术语索引表

B

编码

半结构化访谈

D

地位

地位竞争

地位竞争导致的团队断裂

地位冲突

地位稳定性

断裂强度

断裂方式

断裂类型

断裂距离

多属性重叠

独立样本 T 检验

F

分化

分类加工理论

分层回归

G

共享目标

H

横向断裂纵向统整

合作

互动

K

客观属性断裂带

开放性编码

J

基于认同的子团队

基于地理的子团队

基于知识的子团队

基于资源的子团队

竞争

激活的断裂带

聚焦编码

L

理论抽样
理论饱和

Q

浅层断裂带

S

社会距离理论
社会认同理论
社会整合
深层断裂带
深度访谈
实证研究

Z

团队创造力
团队冲突
团队断裂
团队分化
统整

X

信息加工理论
相似性—吸引理论
休眠的断裂带
选择性编码

Y

验证性因子分析

Z

子团队
扎根理论
质性研究
纵向断裂横向统整
最佳区别性理论
主观属性断裂带
主轴编码